10人に1人が
空き家所有者の時代

実家の「空き家」超有効活用術

三木章裕
「空き家・古家」
不動産コンサルタント

フォレスト出版

はじめに――10人に1人が空き家の所有者になる時代

明日は我が身!? あなたの実家が「空き家」になる日

あなたの親しい人から

「親が住んでいる実家が空き家なんだけど、どうしたらいいと思う?」

と相談されたら、あなたはどう答えますか?

この本を読めば、まったく不動産の素人でもその問いに答えられるようになります。

本書では、空き家問題をどのように解決していけばいいのか、優先順位や手順方法をわかりやすく解説しています。

さて、空き家問題を「自分には関係ない。他人事だ」と思っている人にお伝えしたいことがあります。

あなたも空き家問題に巻き込まれる可能性が十分にあります。たとえご自身では望まないとしても、空き家所有者になってしまうかもしれません。

というのも、これからの日本は、**「10人に1人が空き家の所有者になる」**という試算が出ているからです。

2018年（平成30）年の国の調べによると、全国で846万戸が空き家となっており、日本の総住宅数の13・6％に達しています。その比率は、まだまだ増加傾向にあります。

また民間のシンクタンクでは、潜在的には1000万戸に達しているのではないかという推計も出ています。空き家には複数の共有名義の物件があることを考えると、日本の国民の10人に1人は、空き家の所有者なっていることになります。

皆さんにも思い返してもらうと、身内や親戚、友人に空き家にかかわっている人がいるのではないでしょうか。

「自分はまったく関係ない」と思っていた空き家問題は、**自分の実家という意味では身近で起きる可能性は十分にありえます。**

特にきょうだいのいない一人っ子の方、またはきょうだいがいても、自分もきょうだいも実家を出ており、それぞれ家庭をもって住居をかまえており、実家には親しか住んでいない方は、他人事では済まされません。

ご両親が亡くなったら、その実家は「空き家」となります。あなた、またはごきょうだいが、自動的に空き家所有者となるわけです。

「空き家」所有者になると、何が起こるのか？

——放ってはおけない！　空き家放置のデメリット

空き家を放っておくと、どんなことが起こるのか？

全国的に広がっている「空き家」問題から見えてくる、主なデメリットをざっと挙げてみます。

◎倒壊や落下物による近隣・通行人への被害。
◎近隣からの苦情（猫や犬が住み着いている、カラスの巣になっているなど）。
◎衛生上生活環境の悪化（ゴミの散乱、害虫の発生、動物の巣、雑草雑木の増殖など）。
◎防犯上の問題（犯罪に利用される、不審者の溜まり場になる、建物へのいたずらなど）。

それだけではありません。**実際に放っておいても、経済的コストがかかります。**

◎雑草刈りや郵便物の回収など、日常の維持管理に手間と費用がかかる（概算年12万円）。
◎固定資産税の支払い（概算年10万円）。
◎火災保険が空き家のため割高（概算年10万円）。
◎建物が老朽化して雨漏りからの倒壊や壁の倒壊などで、近隣住民に被害、損害賠償請求権が発生（一般的な住宅では損害賠償を負うことがないが、放置している空き家だと重過失と見なされ、損害賠償が求められることも)。
◎行政から「特定空き家」指定されると、固定資産税が6倍に(税制の優遇の廃止)。
◎行政が危険回避のため、行政代執行で建物解体、高額の解体費を請求され、払わないと差押措置。
経済的なコストについて、おおまかなものを挙げましたが、さらにリアリティをもってもらうために、実際にあったケースも挙げておきます。
◎シロアリやネズミの発生による被害で、シロアリ駆除、ネズミ駆除で20万円(2年に一度)。
◎外壁材落下により11歳男児の死亡事故を想定した場合、損害額は5630万円にのぼる。
◎倒壊による隣家被害・隣人が死亡した例では、約2億1000万円の損害額が発生。

いかがでしょうか？

あなたが望んでいなくても、実家が「空き家」となり、その所有者として認定された場合には、さまざまな問題が起こってくるのです。

新制度「管理不全空き家」で、空き家放置の逃げ道がなくなる!?

「特定空き家」に加えて、**「管理不全空き家」**という制度で、ますます空き家を放置できなくなりました。

２０２３（令和５）年１月31日より、２０１５年に施行された「空き家特別措置法」の改定が審議されています。

当初は、そのまま放置すると倒壊などの危険性がある建物を「特定空き家」に指定して、固定資産税の減額措置の解除や行政で撤去などができるようになりました。

しかしながら、それだけでは全国に増え続ける空き家に歯止めがかからないため、新たに「管理不全空き家」という制度を導入して、所有者に空き家の撤去など、適切な管理を広く促そうとしています。

これにより、従来の「特定空き家」に指定された4万戸と、今回の「管理不全空き家」については、全国で推定50万戸が新たに対象となり、**固定資産税の減額措置の解除や適切な管理を求められる**ことになります。

空き家問題の対象になる物件の範囲を広げることで、空き家の所有者に対する、空き家を解決するための問題意識を持ってもらい、早期解決を促し、これ以上の空き家の増加に歯止めをかけたいと、国は考えているようです。

そのため、空き家の所有者の皆さんは、固定資産税の軽減のために空き家を放置しておくような逃げ道は許されなくなります。

放置して荒れ果ててしまわないうちに空き家を解決することが大切です。

これからの時代ではそれを求められており、空き家を相談する窓口も、行政以外にもどんどん広げていく必要があるでしょう。その点においても、本書の内容は役立つと思います。

相続する「実家」の空き家、〝負動産〟を〝富動産〟にする方法

ここまで読んできたあなたにとって、「空き家」（空き家予備軍の実家）はただのお荷物のように思えるかもしれません。

でも、安心してください。少し視点を変えると、このお荷物が皆さんにお金をもたらしてくれる、金のなる木になる方法があるのです。

私は、「空き家・古家」不動産コンサルタントとして、今まで多くの「空き家」を有効活用するアドバイスをしてきました。

主に、不動産投資に興味のある方に向けて古家や空き家を買ってリフォームし、それを不動産投資案件として扱ってきたのですが、近年は不動産投資にまったく興味を持っていない方、いわゆる一般の素人の方の、実家が「空き家」所有者になってしまい、困っている方たちのご相談にお応えしています。

不動産や不動産投資の知識が乏しい一般の方が、どのように実家の「空き家」問題

を解決していけばいいのか？

そのノウハウをわかりやすくまとめたのが本書です。

そのノウハウは、単に解決するだけでなく、「空き家」所有者になってしまったあなたのお荷物ではなく、お金を生み出す木にする、あなたの手元にできるだけお金が残る方法をお伝えします。

決して望まなかったのに、自動的に「空き家」所有者になってしまったあなたは、今、この本を手にしてラッキーです。今はわからなくても、読み終えたら、きっと思えるでしょう。だって、お荷物だと思っていた実家の「空き家」が、あなたにお金を残してくれる財産に変わる可能性があるのですから。

本書のタイトルにある「超有効活用術」には、**【売る】【使う】【住む】【貸す】**という大きく4つのパターンがあります。

この順番は、「空き家」所有者のあなたの手元にお金が残る順番でもあります。

もしかしたら、「空き家」の有効活用で手っ取り早いのは、4番目の**【貸す】**と思っている方が多いかもしれません。でも、専門家の私から言わせれば、4つのパターンの中で一番お金が残りにくい方法なのです。その理由についても、本書の中で詳しく解説していきます。

本書には、「空き家・古家」の再活用、有効活用で求められる知識がたくさん詰まっています。つまり、本書を読めば、所有者や相続人など不動産知識の乏しかったあなたも、不動産・空き家に関連する、それらに伴う法律や知識を持っている空き家問題を解決する専門家の入り口に立てるわけです。

冒頭でもお伝えしたとおり、今の日本は、人口減少も相まって、「空き家・古家」問題は大きな社会問題になっており、解決に導く専門家が求められています。

あなた自身の「空き家」問題を解決したら、今度は、空き家で困っている人たちの解決に向けて、専門家の人たちとともにタイアップしていくなら、副業として成り立つくらいの収入を得る、なんてこともできるようになります。

あなた自身の「空き家」問題を解決したら、今度は「空き家」問題を抱えている人たちにアドバイスする――。社会貢献という意味でも、とてもすばらしいことだと思いませんか？

そのためにも、まずは本書でご自身の「空き家」問題のリスクを回避して、手元にお金を残す方法を一緒に探っていきましょう。

実家の「空き家」超有効活用術◎目次

第2章 まとまったお金が手に入る「売却」

第3章 辺鄙な場所でもアイデア次第「使う」

第4章 「自ら住み暮らす」決断をしたら……

第5章 空き家に働いてもらう「賃貸」

第6章 空き家の「潜在能力」を探る

第7章 空き家を生み出さないために

第8章

「空き家」は新しいビジネスマーケット

装幀◎河南祐介（FANTAGRAPH）
本文デザイン◎二神さやか
図版作成・DTP◎マーリンクレイン

第1章

実家の「空き家」の悩みを解決する4つの方法

「空き家」問題、もう後回しにはできない

「空き家」所有者数は、空き家の増加とともに、ますます増え続けています。

地方では、住む人もおらず、値段もつかず、売却もできず、放置されている家屋が増えてきており、これらが空き家の増加に拍車をかけています。

さらに、「はじめに」でも少しお伝えしたとおり、自分が望まなくても、実家が空き家となり、自動的に所有者になるケースが増え続けています。

このような状況ですから、国や地方自治体も空き家問題に本腰を入れており、法整備が進んでいます。

もはや、空き家問題の解決を後回しにすればするほど、解決が難しくなってきています。

すでに空き家所有者の方はもちろん、実家がいずれ「空き家」になる可能性がある方、つまり、空き家所有者予備軍の方は、後回しにせず、今から対策を考え、実行していくことをおすすめします。

この本では、空き家の所有者およびその予備軍の皆さんに対して、空き家を放置させないで、社会に役立つ形で対処し、所有者のあなたも損をしないで、なんとか**「お金になる、儲《もう》かる」形で解決する方法**を提案します。

ですから、絶対に後回しにはしないでください。

「空き家」の悩みをスッキリさせる４つのパターン

私は、『空き家を買って、不動産投資で儲ける！』『儲かる！　空き家・古家不動産投資入門』（いずれも小社）と立て続けに出版したことにより、「空き家の再生専門家」として皆さんに見られるようで、最近は空き家や古家にまつわるいろいろな相談を受けるようになりました。

その質問を大別すると、以下のような質問内容になります。

「私の両親の家をどうしたらいいですか？　その取っ掛かりがわからない」

「売却したいのだが、どのようにしたらいいのか？」
「相続で引き継いだ家を貸せないか？」
「実家の空き家は、私たちの住む家にしたほうがいいのか？」
「マンション住まいなので、トランクルーム代わりに使いたい」

等々です。

これらの質問を分類すると、**「売る」「使う」「住む」「貸す」**にかかわるものがほとんどです。

空き家の悩み問題は、この4つに整理すると、スッキリ解決します。

しかし、私が相談を受けている中で気づいたのですが、問題の解決に、皆さんは結構初歩的なところからつまずいていることです。

そこで、私の問題解決の思考手順を、あなたにも公開することで、「まず、あなたが考えないといけないこと」「まず、最初に手を打たなければならないこと」等、あなた自身で問題解決するための一歩が踏み出せるようになればと思っています。

従来の税理士さんが書かれているような「節税的なもの」から、一歩進めて「稼げる、お金が残る、使える不動産」として、実家を相続したあなたや、空き家に困っているあなたが、空き家不動産で稼ぎ儲ける活用手法をいろいろ紹介しています。

空き家は、活用次第で金のなる木に成長します。

この本では、現在日本が直面している空き家問題を前提にし、社会構造の変化による不動産需給のトレンドも捉えながら、どのように代々引き継ついできた家や親の家をあなたにメリットのある形に解決するかを、処方箋《しょほうせん》としてお話しします。

空き家問題解決の４つのケース

空き家の問題解決の糸口は、大きく４つのケースがあります。それぞれについてざっくり見ていきましょう。

①「売る」を考えたケース

「地元の業者に売却の依頼をしてかれこれ1年以上経つが、まったく反響がない……。

どうする？」

「値段を下げないと、売れないのか？」

「販売依頼する不動産業者を替えたほうがいいのか？」

「建物を取り壊して土地だけ売却するほうがいいのか？」

「とにかく売ろう」と決めたのに売却が進まないと、あれやこれやと不安ばかり募り悩み込んでしまうものです。

34ページでは、空き家の活用に悩んだ方の具体的事例を紹介します。

②「使う」を考えたケース

副業でネット通販を始めたので、事務所と倉庫を兼ねて使う。

立地が良く、店舗としても使えるので、飲食店に勤めた経験を活かしてお店を開業するなど、自分で利用、使用することも検討してみてもいいでしょう。

人生１００年時代となり、勤め先の収入や退職金だけでは定年後の生活もなかなか心許ないこともあるでしょう。

今後、何か起業したり、仕事を始めることも想定されます。改めて場所を確保するより、今ある環境を利用するほうが初期投資のリスクを軽減できます。

この本では、私が携わった「使う」を選択した、いろいろな事例や経験を交えながら、皆さんの不動産が、負動産ではなく富動産になるようにお手伝いできればと思っています。

46ページで、実家の空き家を使ってうまく独立開業できたエピソードを紹介します。

③「住む」を考えたケース

相続税対策も考えて、小規模宅地等の特例を活用する方法です。

賢い相続が大切です。

もし住むならば、なるべく相続税評価が低くなるに越したことはないはずです。

また、住み替えることになるわけですから、どんな生活をしていくのか、生活環境から家族との暮らし全般まで配慮する必要があるでしょう。

57ページで、ご家族がとても幸せに住み替えた具体的な事例を紹介します。

④「貸す」を考えたケース

「思い出のある家なので手放したくない、しかし、用心が悪く、近隣から苦情が来ているので放っておけない……。なんとか活用できないか?」

「親が住んでいた家を貸したいが、借主が全然見つからない。借主はいるのか?」

「賃貸するに当たって高額なリフォーム代を見積もられて、二の足を踏んでいる」

「リフォームして本当に入居者が決まるのか?」

「業者から提案されている家賃が低いように思うが、どうなのだろう?」

「賃貸すると、滞納や苦情が心配だ。売りにくくなるのでは?」

ここでも、「貸す(賃貸する)」と決めても、あれやこれやと不安なことばかり思い浮かんでしまい、結局、億劫になって問題を先送りして、ずっと心に引っかかったまま放置。何も解決しないどころか、余計な税金や火災保険や維持管理にお金がかかって損をしている状態に陥っている……なんて方も結構います。

放置している不動産から、売却なり賃貸なりお金を生み出す方法論を考えて、前に進めることが大切です。

65ページで、相続物件の賃貸住宅活用の高利回り再生の事例を紹介します。

空き家放置は、ゼロではなくマイナス

以上、空き家問題解決の4つのケースをざっくり提示しましたが、いかがでしょうか？

放置することは、ゼロではなくマイナスであり、ビジネスの言葉でいえば、チャンスロスです。せっかくのチャンスを失っているのです。あなたはせっかく貴重な財産を与えられているのに、台無しにしているなんて残念ですよね。

これは、法華経でいう「衣裏繋珠《えりけいじゅ》」にたとえられます。すばらしい財産をもらっているのに気づかずに貧乏暮らしをしている男性の話です。

とにかく、どのケースも、不動産に関してほぼ素人の方には判断材料になる情報が決定的に不足しています。そのため、決断できないわけです。

逆にいえば、ど素人対プロ業者という構図の中で、あなたは大切な不動産を任せなければならないのですから、到底太刀打ちできるはずがありません。「カモがネギ背負ってやってきた」状態です。

でも、大丈夫。

この本を読んでいただければ、少なくともどのような手の打ち方があり、どのように客観的な情報を手元に持ち、依頼する不動産業者の言葉に振り回されることなく、あなたが主導権を持って、しっかり自分のためになる方法を考え、あなたにしっかりお金が残る戦略を立てられるようになるはずです。

地元ニーズを考えながら、一番マッチする方法を検討する

空き家問題を解決するには、どのように空き家をなくし、役立てるかを見つけるしかありません。

それが、すでにお伝えしている「売る」「使う」「住む」「貸す」の4つのパターンのうち、どれがわが家にマッチするかを見極めることです。

空き家は、基本的にはローカルな存在です。その地域のニーズを捉えながら、そして、私有財産である空き家との間でバランスを取りながら、所有者にもメリットがあ

り、地域にもメリットがあるwin-winの関係構築が必要です。

この考え方が意外と抜け落ちている人が多く、あくまで自分中心の考えに陥りがちです。

ここでズバリお伝えします。

自らの利益だけを優先した、地域を顧みないプランでは、せっかくの空き家も活かしきれません。

空き家の活用ニーズを見つけるには、それぞれの物件に聞くしかありません。当たり前ですが、地域や立地、条件（所有者個人のライフプランも含む）、周辺環境など、物件ごとに違いがあり、全国一律の利用法があるわけではないからです。

では、どうやって見つけるのか？

そこは泥臭いですが、地元に出向いたり、地元の人たちとコミュニケーションを取ることで、空き家の活用のヒントがつかめてきます。

空き家活用は千差万別なので、**地域のニーズを汲み取って、地元に合わせる、ローカライズ化が求められます**。

あなたの空き家の問題も解決しながら、画一的なものでなく地域に溶け込むことが大切です。

ニーズを汲み取ったら、空き家をどうするかを4つのポイントから紐解くと、悩みを解決することができます。

そのポイントが、**「売る」「使う」「住む」「貸す」**の4つです。

この視点で実際の物件を考えてみることです。

【事例】親が遺した、思い出の詰まった実家を活用するか？　売るか？——竹本さん（仮名）の場合

先日も、私はある相談を受けました。

講演後に突然、「先生なら私の親の家、どうしたらいいと思います？」と問いかけられました。

竹本さん（仮名）は、前日夜も、奥さんと2人で家族会議でした。

竹本さんは、子供の頃からの思い出の詰まった実家を、できれば売らずに活用したいと考えていました。

一方、奥さんは売却して、高校生と大学生の子供の学費に補填したいと主張しました。

確かに、今から子供たちの教育費に一番お金がかかる時期です。また、学資ローンでの破綻《はたん》の話も耳にしますので、できれば、子供たちに余計な借金を背負わせたくないという思いもありました。

そこで、空き家や古家を再生させて活用している先生の講演を聞いてから判断しようと、ここに来たとのことでした。

私は、竹本さんに「どうするかの考えはまとまりましたか？」と聞きました。

「いや〜、先生の話を聞くと、相続された物件を、高利回りで活用されている事例を見て、売らないで持っておきたい気持ちも出てきましたが、私の友人の税理士さんは売却をすすめるので余計に混乱しています」と言います。

そこで、「では、頭を整理するために、４つのパターンを考えてみましょう」と、竹本さんに質問しました。

「売ることは考えましたか？」

「使うことは考えましたか？」

「住むことは考えましたか？」

「貸すことは考えましたか？」

すると竹本さんは、こう話し始めました。

「売却」については、友達の税理士さん相談すると、1981（昭和56）年5月31日以前に建築されている家なので、売却にあたり、2027（令和9）年末までは、相続人でも譲渡所得の3000万円の特別控除の特例を受けることができる。なので、売ったほうがいい、との助言があったようです。

しかし、周辺も空き家が増えており、簡単に売れそうにない感じです。

竹本さんは続けます。

「実家なので、『家族で住んでみようか』とも考えましたが、実際、私の仕事や妻の仕事、子供たちの学校のことも考えると、ここに住むことは難しいだろうと思っています。

何か自分たちで活用もできないかとも思いますが、私も妻も勤め人なので、この実家を利用して、事務所や店舗にすることはありません。

住宅として賃貸するにしても、周辺にこれだけ空き家が増えて、住む人が減っている中で、借り手がつくかどうか、心配です」

こんなふうに考え出すと、いったいどこから取り掛かったらいいのか、皆目見当がつかず、考えがまとまらないどころか、問題を思い出すたびにストレスになってしまうと言います。

私は、「竹本さんがどう判断するかの優先順位がはっきりしていないので、どれも迷うために混乱してしまっているのです」とお伝えしました。

竹本さんは、私に「どう考えるかの優先順位ってあるんですか？」と怪訝《けげん》な顔をされたので、少し整理しながら話をしました。

せっかく親が残してくれた財産で、いっぱい思い出も詰まったお家でしょうが、ここは、

「相続した人に財産価値としてどれだけ多く残るのか？」

を考えればいいと思います。

「財産価値」という物差しで考えてみる

――空き家にかかる譲渡所得の「3000万円の特別控除」のメリットを見逃すな

財産価値として金額に置き換えて考えるといいでしょう。

「この時点で一番お金として残るのは?」

という基準で考えるわけです。

今回は、もし3000万円の特別控除が使えるなら、売却するのが一番お金が目減りせずに相続人に入ることになります。

一般的な売却なら、売却価格の20%ほどが譲渡税として課税されます。

たとえば、竹本さんが売却するなら、1800万円くらいかなと言っていたので、数字でざっくり計算すると、建物解体費や測量費、売買手数料などの売却諸経費を引いて1500万円(譲渡所得)が残ったとしましょう。

一般的な(長期譲渡)で特例を使わない場合は、1500万円なら300万円ほどの税金がかかります。1200万円ほどの手残りです。

でも、特例適用なら、その課税所得が３０００万円までかかりません。手元には１５００万円ほどの手残りです。

ということは、３００万円ほどが余分に手元に残るわけです。

例えば、賃貸で毎月の5万円の家賃で貸せるとすると、節税分３００万円でさえ賃料収入で得るのに5年間かかってしまいます。

長期の賃貸経営を続けないと、なかなか売買で得られるような金額にはたどり着きません。

では、住む場合はどうでしょう。

自分が住めば、現在住んでいる家賃や住宅ローンの負担も減りますので、これも金銭的なメリットは出ますが、やはり売却のように一気にまとまった資金にはなりません。

特に、今回の相続人の３０００万円の特別控除を受けられる場合は、一度誰かに賃貸してしまうと認められません。

ここは、重要ポイントです。絶対に忘れないでください。

相続したら誰にも貸さずに売却に回すのが一番優先的な対処法です。

まずは、「売り」に出してみる

「3000万円の特別控除」という特例が続く限り、親が住んでいた家は、1981（昭和56）年6月までに建築されたものなら、とにかく売却から検討してください。

ここまで、なるべく、竹本さんが判断しやすい、数字を当てはめてお話ししてきました。

おそらく、竹本さんのご両親からすれば、財産として子供たちに自宅を残したのですから「住んでもらいたい」との考えもあるでしょう。

ただ、財産として、これからの世代の人（竹本さんやそのお子さん）にとって有効に活用してもらえたら、それでいいと思うのが親心というものです。

そうであれば、相続人の皆さんが親の残した財産を最大価値化すれば、亡くなったご両親もきっと喜んでくれるはずです。

ですから、「3000万円の特別控除」（昭和56年5月末までに建築されたものが対象）という特例が当てはまるときは、とにかくまず売却から考えることで、あなたの手取り金額を最大化できます。

竹本さんの最終判断

このように竹本さんにお話しすると、

「なるほど頭がスッキリしてきました。今まで考えれば考えるほど、迷路の中で頭がくるくる回るようでしたが、まずは売却できないか？　積極的に考えてみます」

と明るく返事をもらいました。

その後の竹本さんには、私のメールアドレスを教えて随時相談するように伝えました。

結局、奥さんと相談の上、竹本さんは実家を売りに出すことにしました。

竹本さんの心配をよそに、ご近所の方が、息子さん家族がこちらで家を建てたいので、近隣の竹本さんの物件を購入したいと申し込んできました。

おかげで3カ月もしないうちに売却できることになりました。

竹本さんの実家は、売買契約を結んだ後、解体されて売却することになりました。解体前には、家の隅々まで、写真と動画で撮っておきました。

写真を撮ると、大人の目線の高さと、子供のときに見えていた家の風景がかなり違うことを感じました。自分が考えていた実家の目線はもっと低く、天井がもっと高く感じていたことを思い出しました。

家がなくなる寂しさはありましたが、この家の売却のお金がお孫さんたちの将来のための学費に活用されるなら、少しは喜んでもらえるのではないかと、竹本さんはご両親の顔を思い浮かべました。

また子供たちにも、おじいちゃんたちが残してくれた財産のおかげで、学費を気にせずに進学できることを伝えて、今年のお盆にはみんなでお墓参りに行くことになったそうです。

実家を売却することに二の足を踏んでいる人へのアドバイス

「家を残す」＝「住んでもらいたい」という考えではなく、「資産価値として引き継いでもらいたい」と考えれば、売却に対する心理的な後ろめたさもなくなるのではないでしょうか。

売却後は特例を受けるため、友人の税理士さんにちゃんと確定申告をしてもらい、無事特例を受けることができました。

竹本さんは、次のように言います。

「300万円も余分にお金が残ることはとてもありがたく、どれだけ家計の助けになったかわかりません。

私の友人の税理士さんのアドバイスと、先生から具体的でわかりやすく説明してもらったことで、はっきりやるべきことがわかりました。このようなことがなければ、いまだに何をすればいいいか迷っていたと思います」

このようにいい結果になったのは、本人が即断して行動されたからだと思います。

時は金なり――。

竹本さんは、すばやい判断と行動がチャンスをつかんだのです。

物事を判断していく中で、いろいろな可能性があると、どれもこれも並行して考えてしまいがちですが、どれから考えるかの優先順位を決めないと、結局、何も決断しないまま終わってしまいます。

判断には、どのように優先順位をつけるかが大切です。

大切なことですから繰り返しますが、空き家の対策を考えるとき、「売る」「使う」「住む」「貸す」の4つのパターンを、どのような優先順位でつけるか？

ここの見極め方で方向性が決まります。

私は、

「資産価値」＝「金額ベース」

でお金が手元に多く残る順番に判断していけばいいと考えています。

【事例】リストラ後、田舎のボロボロの実家で高齢者通所介護施設を開業――中田さん（仮名）の場合

突然のリストラ――。

中田（仮名）さんは、関東の中堅の印刷会社の管理職でした。しかし、業績が低迷していたこの会社は、突然大規模リストラを断行したのです。

中田さんは思いました。

「50歳になった途端になぜ？　今さら再就職先を探しても、まともな転職先は見つか

ると思えない……」

中田さんは3カ月間、悩みに悩みました、奥さんも自宅近くで仕事をしており、子供さんも東京で働いていました。

「どうする？　どうする？　どうする？」

そんな折に、中田さんの出身地の奈良で法事がありました。悶々《もんもん》とした気持ちを抱えながら地元に戻った中田さんは、法事もそこそこに、久しぶりに会う同級生、谷口(仮名)さんと愚痴と相談も兼ねて会うことになりました。

久しぶりに会った同級生は、地元で小さな工務店をしていました。谷口さんは、地元もどんどん年寄りばかりになって、町も全然活気がないとぼやき、中田さんは中田さんで、突然のリストラに当惑して、これからの将来の悩みをぶちまけていました。

お互いに「こんな世の中がおかしいんだ！」の大合唱になりましたが、そう言っている自分たちがなんとなくみじめで、話は違う方向に向かっていました。

「中田、あの実家の家、貸さないか？」

突然予想もしない言葉が谷口さんから飛び出しました。

中田さんの家は元々、先祖は地元の庄屋さんで、大きな旧家の実家を相続していました。土地は３００坪ほどあり、建物も90坪ほどの平屋の母屋とは別にはなれがあり、立派な建物でした。

ただ、そんな立派な実家も、今は草がぼうぼう、木も伸び荒れ放題になっていました。

年に数回、家の風通しのために訪れていましたが、到底賃貸できるような家どころか、ボロボロという感じだったので、

「貸す？　貸すってどういう意味？」

という感じで目を丸くしました。

実は、この周辺も高齢者が多くなり通所介護施設がほしいということで、その用地を探していたところだと谷口さんは言いました。

家はダメだろうけど、土地としては３００坪（昔で言えば一反）あるから、家を潰して土地を有効活用して地元に貢献できたらそれもいいかなと思い、

「谷口、建物は使いものにならないけど、敷地はたっぷりあるので、活用できるなら考えてもいいよ」

と返事をしました。

ところが、谷口さんは、イチから建物を立てるのではなく、あの旧家の家も利用した施設にしたいと言います。

ますますびっくりという感じで、

「まあ本当に借りてくれる人がいるなら検討してもいいよ」

と言うと、

「あそこなら、立地もいいし、検討してくれる業者もたくさんいるので、次の機会にはもう少し具体的に話そう」

と言って別れました。

妻からの意外なる提案

中田さんも仕事を辞めた後のあてもないときでしたので、「まあ賃貸で貸せれば、少しは収入の補填になるかもしれない」と、自宅に帰って、そんな話を奥さんにしました。

すると、意外な話が奥さんの口から飛び出しました。

「その施設、あなたがやればいいじゃない！　別に私も田舎に帰ってもいいわよ。私も実家に近くなるし」

「えーーっ⁉」

中田さんは、思いも寄らない奥さんの言葉に頭が大混乱しました。

確かに、奥さんも同じ奈良県民でした、たまたま東京の仕事で知り合って結婚しましたが、お互い奈良県出身というのも、意気投合した要因の1つでした。

「う〜ん……」

と中田さんが考えていると、

「私、通所介護施設ならやってみたいわ」

と畳み掛けるように言葉をつなぎました。

実は、中田さんの奥さんは、子供さんが手を離れた時点から、近くの老人施設でヘルパーの仕事をしていたのです。

仕事から帰ってくると、

「自分の親くらいの人の面倒を見ていると、父や母が元気なのか、いつも気になるの」

とよく言っていました。

地元の奈良に帰って仕事をすることに関しては、奥さんのほうが積極的なくらいでした。

しかし、中田さんはまったくの門外漢で、自分が通所介護施設の経営者になるなんてことは、到底考えられませんでした。

再度、中田さんは地元に向かい、谷口さんに相談することにしました。

「俺がこの実家で通所介護施設するというのは可能だろうか？」

谷口さんは、

「まったく素人のお前が突然やると言っても難しいから、ある程度、専門家のアドバイスを受けながらなら、運営は可能だろう」

「またこの辺は高齢者が急激に増えているので、施設の需要は十分ある」

と付け加えて話してくれました。

経営未経験、業界未経験からのスタート

そのとき、谷口さんから紹介されたのが私でした。

私は、その当時友人の介護業者がこのエリアに目をつけて出店場所を探していました。

谷口さんからご本人が施設経営したいので相談に乗ってほしいとのことでしたのでお会いして、いろいろお話を伺いました。

実際、中田さんは、相当な覚悟が必要でした。

当時、退職時にもらう割り増しされた退職金のほとんどを、建物の改装費用に注ぎ込まなければならないことになりました。

許認可関係は、私のほうで地元で有力な一級建築士の先生を紹介し、また介護事業に関しては、私の友人の介護業者に経営アドバイスをしてもらえるように説得し、中田さんが地元でスムーズに通所介護施設を運営成功できるための人集め、ケアプランセンター、病院などの紹介も含めて、各分野の専門の方とのコーディネイトを行ない

ました。

中田さんご夫婦もオープンからの1カ月は、怒涛《どとう》のように過ぎて、私が訪ねたときは、

「こないだまで関東にいた気がして、企画、改装、許認可、オープンまで自分がやっているのが不思議で、ふと我に返ると、あれ？　いつからこんなことやっていたんだ」

と何か狐につままれたようだと笑っていました。

この施設は、オープン当時から、「旧家を利用した、どこか懐かしく心安らぐ施設だ」と高齢者から評判になり、あっという間に地域の名物施設になって、ローカルテレビの取材なども来るようになりました。

話題が話題を呼び、一時期は予約待ちになるほどで、順調に経営できるようになりました。

「こんな古い旧家がこんな形で蘇《よみがえ》り、地域に貢献できる施設になったことは、ご先祖様も本当に喜んでくれていると思います」

と、中田さんは清々しい表情で答えてくれました。

春

古くてボロボロで、気にもかけず放置していた実家が結局、中田さんの窮地を救ってくれたのです。

このエピソードからもわかるのは、偶然とはいえ、地元のニーズを知り、それに合った「使う」という打ち手に舵を切った、夫婦の英断とがんばりがあったからです。中田さんご自身の第二の人生に加えて、地域貢献にもつながった好事例です。

【事例】都落ち気分で帰った実家が、家族の本当の幸せに気づかせてくれた
——樋口さん（仮名）の場合

樋口さん（仮名）40歳、大手金融機関勤務。

「もう限界だ……」

門前仲町駅から吐き出される人ごみの中で、自分で歩いているどころか、ただところてんのように出口から押し出され、細い糸のようになって自分の会社に吸い込まれて行く——。

確かに一流企業に勤めて、普通のサラリーマンよりはいい給料をもらっていると思

う。東京は華やかで、地方では体験できない、いろいろな暮らしもできている。

仕事も日本でも有数の金融機関に勤めて、日々お会いする方々も錚々《そうそう》たる人たちだ。

しかし、そのような仕事で自分の心が緊張とストレスで追い込まれて、どんな成果を上げても安心できない、自信が持てない。いつも誰かと比較して、自分に幻滅して不安に掻き立てられる。

家に帰っても、会社でやれない仕事を部屋にこもってやり、家族と一緒に団欒なんて夢のまた夢。

持ち帰った仕事が終われば、ベッドに倒れ込んで、また朝を迎えるだけ。


家族も問題を抱えていた。

小学校に通い始めた子供がひどいアトピー性皮膚炎で、かゆみのため、夜も眠ることができない。いつも妻の横に寝ている子供が「かゆくてねれないので、早く治りたい」とかゆいところをかこうとしながら、毎晩泣いていた。


もう東京に住むのはよそう！

アトピーも、自然環境のいい、水のきれいなところが症状をやわらげるらしい。

もう仕事に未練はない。このままでは私も家族も潰れてしまう——。

東京から田舎にUターンを急いで決断した理由

樋口さんは、兵庫県の田舎出身で、東京の大学を出たのを機に東京で就職しました。

田舎暮らしだった樋口さんには、東京は何もかも輝いて見えました。就職した最初の15年はがむしゃらに働いたといいます。

しかし、気づけば、樋口さんも家族もボロボロになっていました。

もう田舎に帰ろう。あの自然豊かで、のんびりした田舎で暮らしなおそう。

そう決断しようと思いつつも、思い切って踏み切れない不安がありました。

今の生活と実家で想定される生活は、あまりに違って、本当に生活できるのか？

果たして、妻の理解が得られるのだろうか？

このようにたくさん迷いに迷いながらも、樋口さんは慌ただしく答えを出しました。

その答えは、「田舎に帰る、いや戻る」というものでした。

急いで決断するには、理由がありました。

2年前、一人暮らしの樋口さんの父親が急に亡くなり、兵庫県の実家は樋口さんが相続することになりました。

家はすでに2年間ほど空き家になっており、かなり傷みも目立ち始めていました。そろそろ「売却するのか？　住むのか？」の結論を出す時期にきていたのです。

仕事、生活はどのように変わったか？

田舎でどのように暮らしていくかは、移住サポートをしてくれる役所の窓口があり、そこにいろいろ相談に乗ってもらい、仕事や生活の目途を立てたと言います。

家はあったので、家族で暮らすのにどのように改装するかを決めて、仕事は地元の農協勤務になりました。今までの仕事を活かせる部署なので、違和感はなかったそうです。

移住先の実家は、家族に喜びを与えてくれました。

「妻には、長年夢見ていた、ガーデンニング用のサンルームを造りました。私は、楽器の演奏やカラオケができる防音ルームを造り、子供は、広い庭に柴犬を飼い始めました」

田舎のひいおじいさんの時代に建てたといわれる家は、部屋数だけはふんだんにあったので、それぞれの暮らしや趣味に合わせて改装しました。

生活は、ゆったりとした時間が味わえるようになりました。

毎日夜には家族で食卓を囲み、それぞれのその日の報告を聴きながら、時に笑い、楽しい時間が過ぎました。

お子さんのアトピーもかなり症状が落ち着いてきました。元気で柴犬と走り回る姿を見ていると、東京にいるときより、たくましく健康になったように感じられるそうです。

奥さんも、水と空気がいいのか、花もよく育ち、自慢のガーデニングに加え、おいしい野菜もできそうなのでと畑まで始めました。日に日に庭の畝の本数が増えるので、庭は間もなく畑に変容して兼業農家になってしまいそうだと言います。

「最初は、東京から田舎に戻ったときは、何となく都落ちした気持ちになりましたが、このゆったりした時間が何よりの贅沢《ぜいたく》なのではないかと、日に日に感じるようになると、そんな気持ちも失せてきました」

と樋口さんは幸せそうな表情で語ってくれます。

「時間は誰にも平等です。その時間をどのように使うのかが人生の価値を決めるのではないか。このようにゆったりと贅沢に時間を使えることは、お金には代えられない価値なのではないか、と本気で思えるんです。

このような実家を残してくれた父や母、ご先祖様に本当に感謝しています。

家というものは、『住む箱』という物理的なものではなく、人がどのように生きるかを演出してくれる舞台のようなものだと思います」

時は得難くして失い易し

私は、樋口さんから相談を受けたときは、言い方は悪いですが、ノイローゼ寸前という感じで、冷静な判断ができる状態ではなかったという印象があります。

しかし、もし実家に住み替えれば、こんなこともいろいろできるのでは？　あんなこともできるのでは？　と明るい可能性を提案しました。

落ち込みがちな気持ちを明るく前向きに未来を考えられるように、相談のたびに元気づけました。一歩ずつ、考えすぎず、問題を解決しながら、自信を持ってもらうことを意識したことを覚えています。

実家をボロ家だと思って毛嫌いしている

方がいるなら、一度、もし自分が住んだらどんな生活ができるか？

そんな可能性だけでも想像してみるといいと思います。

どうやって自分の人生の時間を充実させるかを決めるのは、あなた自身です。

【事例】相続した物件をリフォームして賃貸住宅に転用して稼ぐ――埼玉県／大阪府豊中市／神奈川県／和歌山県和歌山市

相続した不動産なら、賃貸住宅に転用すれば購入費がいらないので、簡単にリフォームするだけで、びっくりするような高利回りの不動産投資になります。

◎埼玉県の一戸建て

まず紹介するのが、埼玉県の物件です。

ご両親が昭和61年に新築した戸建で、敷地面積約１７０㎡、建物約85㎡、駐車場有りの相続空き家でした。

売却せずに賃貸を選択した理由は、知人の不動産会社に相談したら、「この物件は売れない」と言われたから。

「本来建物を建てられない市街化調整区域で、全面道路も私道。再建築はできるが、建築条件が厳しい物件。そのため、売却ができたとしても、当初想定したような価格での売却は難しい」

という判断でした。そこで、賃貸することを検討した次第です。

とはえ、当初、所有者は、大家業は未経験。リフォーム費用をかけたところで、果たして入居者が決まるかどうか不安だったのですが、思い切ってやってみることを決断しました。

初期費用は残置物処分に22万円、リフォーム費用は当初250万円。入居者が退去後にその都度、いろいろ修繕しています。

リフォーム工事が完了して2カ月で入居が決まりました。

家賃は月額7万8000円（年93万6000円）となります。

表面利回りの計算式は次のとおりです。

年間家賃÷リフォーム費用（投資額）

※100%なら投資を1年で回収できるということ。

今回の物件をこの計算式に当てはめると次のようになります。

残置物処分とリフォーム代で272万円。今回は相続なので、土地建物価格は計算に入れません。

93万6000÷272万円＝34％

となります。

リフォーム費用を仮に都市銀行に預金すれば、「270万円×0・002％＝54円」です。家賃なら年間93万6000円、都銀で定期すると年間54円です。なんと定期預金の1万7333倍です。

お金を寝かしてしまうより、リフォーム費用として投資に使うほうが断然収入アップです。

ただし、銀行の定期預金より賃貸経営のほうが、1万7000倍以上のリスクがあると考える方は、無理にやる必要はありません。

◎大阪府豊中市の一戸建て

大阪府豊中市で相続していた家をリフォームして賃貸した事例です。

大きなリフォームをせずに、カラーコーディネートされた、アクセントクロスやポイントで古さを感じさせずに低価格で仕上げています。

元々よくお手入れされていましたので、この程度のリフォームで十分でした。

リフォームで使った費用は60万円、月額家賃は5万８０００円で、募集後1カ月で決まりました。表面利回りは１１６％にもなります。

立地も賃貸向けで、近くにスーパー、小学校、中学校もあり、便利なところでした。60万円のリフォーム代はかかりましたが、約1年で費用回収できて、その後は安定的な家賃収入が期待できる物件です。

◎神奈川県の古家

次は、神奈川県の物件です。

こちらでは、お父さんの所有物件だったものを、思い出がたくさん詰まっているので、売りに出さず、賃貸物件として持っていたいと思い、賃貸住宅として改装されました。

Before→After

Before→After

物件も程度が良く簡単なカラーリフォームと設備の交換で、賃貸募集しました。

この物件もすぐに入居者が決まりました。

リフォーム工事費は150万円で、月額家賃は8万3000円です。車1台分の駐車場があり、ペットを飼いたいご家族が入居してくれました。この物件の表面利回りは66％になる、高利回りの賃貸物件です。

相続物件の場合、一般的な不動産投資と異なり、物件購入費がかかっていませんので、賃貸向けにリフォーム工事するだけで、高利回りの賃貸物件ができてしまいます。

「親の住んでいた古い家なんか、誰も借りてくれない」と考えているかもしれませんが、意外と内装工事程度で賃貸住宅に転用されて、家賃を稼いでくれるようになります。

◎和歌山県和歌山市の中古マンション

古いマンションでも、少し内装に凝ると、意外と賃貸需要があります。

和歌山県和歌山市のマンション物件です。

相談に来られた木本さん（仮名）は、相続したのはいいものの、自分たちが住むつ

もりがなかったので、空室になったまま放置していました。

近隣の不動産屋に相談しても、何も解決策を提案してくれません。

そこで、木本さんの友人からのつてで私に相談があり、そのままでは維持費や固定資産税を払うばかりで、まさに〝負動産〟でした。

そこで、賃貸需要があるところなので、一緒に活用方法を検討して、賃貸住宅として活用することにしました。

しかし、この周辺は競合の賃貸マンションが多く、差別化を図るため、古家再生リフォームの専門家に入ってもらい、大胆にリフォームしました。

リフォームは、普通のマンションリフォームよりは少し高くつきましたが、改装すると、すぐに入居者が決まりました。

リフォーム費用は１４９万円、家賃は７万９０００円プラス共益費４０００円です。1年半もあれば投資費用は回収できて、毎月家賃がもらえるようになりました。

マンションといえども、放っておくと、いろいろコストがかかってしまいます。維持するのに、ゼロではなくマイナスになります。そこでなんとか、お金を生むこと、稼げることを考えないとダメです。ビジネス的にいえば、チャンスロスになっているわけですから。

古い一戸建てもマンションも、価値を見つけて磨き上げれば「お宝」になる

特に、直近まで親が住んでいたような家だと、リフォーム費用が少なくて、高利回りになり、可能性も高くなります。活用しないと、実にもったいないです。

昨今の長寿化社会では、親も自分の終の住処《すみか》と思った家でも、結局、高齢者施設な

どに転居しなければならない事態が増えています。

親から引き継いだ古い家は、厄介者ではなく「お宝」です。相続する皆さんがその価値に気づいて、磨きあげると輝いてきます。

もし賃貸転用を考えるなら、後述の第5章をしっかりお読みください。

空き家が、あなたの経済的豊かさをもたらしてくれる

のちほど、もう少し詳しくお話ししますが、資本主義国の格差が急激に拡大することを解明した、世界的経済学者のトマ・ピケティさんが、その格差が広がる原因の1つは、次の世代に相続される資産だと、著書『21世紀の資本』（みすず書房）の中で論じています。

このように、あなたがより豊かになっていくためには、親からの資産をうまく受け取り、運用することが重要になります。

そのために、親の財産をどのように相続するか？

どのように資産を膨らませるか？

を考えると、今回の実家の空き家も、どれだけ不動産やお金として最大価値で残せるか？

ということになります。

これを基準に考えると、優先順位がつけやすいでしょう。

このように引き継がれた資本（不動産や株やお金等）が、あなたの今後を豊かにするかどうかの分岐点になるのです。

あなたが空き家を最大価値で引き継ぐことが、将来にわたり、あなたが豊かに暮らしていけるために大切になります。

例えば、前にもお話ししましたが、相続によって取得した居住用の空き家を譲渡した場合の3000万円特別控除の特例なら、時限的に税金の優遇措置がある期限までは、その特例の適用を受けて譲渡税を極力少なくすることで、あなたの資産の目減りが少なくなります。つまり、あなたの手元に残る資金が多くなります。

あなたの引き継いだものが「売る」「使う」「住む」「貸す」という4つの選択肢の中で最大価値を生み出す引き継ぎ方をすることが大切です。

1 空き家譲渡所得の3000万円特別控除を知る

◆要件

昭和56年5月31日以前の建物が対象。相続以降3年を経過する日の属する12月31日までに譲渡した場合、空き家のままなら耐震工事をすること。もしくは、解体更地渡し。

※細かい要件があるので、この特別控除を活用する場合、売却前から税理士さんに要相談。

◆申告に必要準備が必要な重要な書類

「被相続人居住用家屋等確認書」は相続人が準備する必要があるものです。事前に申請書を取り寄せて、交付に必要な要件を確認しておいてください。確認は市町村によって行なわれます（税務署ではありません）ので、各市町村の役所の都市計画や建築関係の窓口で申請書はもらってください。

◆主な申請に必要な書類

・被相続人の除籍住民票の写し
・相続人の住民票の写し
・売買契約書の写し
・電気、水道・ガス等の中止日が確認書類（料金領収書）

◆要注意

ここにすごく重要で、あとからできない書類があります。申請の文言どおり書いてみます。

「申請被相続人居住用家屋の相続人と当該家屋の媒介契約をした宅地建物業者が、当該家屋の現状が空き家であり、かつ、当該空き家は除去又は取り壊しの予定があることを表示して広告してることを証する書面の写し」（宅地建物取引業者による広告が行なわれたものに限る）

これが曲者です。ほとんどの方は売却してから申請するわけですから。これは売却前の状態で広告（売り物件等の不動産業者の看板）されている写真が必要になります。売った後から別の所有者の物件に広告することができません。

このような書類は市町村の申請書なので、税理士さんはその内容をほとんど知りません。そのため、事前にしておく必要のあることを注意してもらえませんので、いざ申請となったときに書類が揃わず特別控除を受けられないことも結構あるようです。

◆最重要

特別控除を受けようと思ったときは、必ず売却前に市町村の役所で申請書をもらって、必要な書類の内容をチェックしておく必要があります。

このような重要な書類も事前準備も必要です。どんな場合もそうですが、税金の控除などは要件が複雑で素人では難しいので、税理士さんに必ず受けたい控除については事前から相談してしっかり準備してください。

2 空き家問題が解決しない理由

そもそも空き家という存在になってから解決しようとするから解決しない——。

まるで禅問答のような言い方になりましたが、空き家の背景から解決する必要があります。


そもそも空き家で放っておくのはなぜか？

それは、解決に対して所有者がメリットを感じていないからです。


人間の行動心理からして当たり前だともいえます。

例えば、株が値下がりして損している状態では、いつか元に戻るかもしれないし、値上がりするかもしれないと考えて、積極的に損をするのがわかっている時点では行動しないで塩漬けにしてしまいます。株でもそうですが、儲かっているときにこそ、利益確保のために売却行動を起こします。つまり、どんな行動でも損がわかっているときは、様子見して行動に移しません。

儲かるお金になると思うときに、人は積極的に行動するものなのです。

その心理を応用すれば、空き家問題でも、メリットがあれば、感じられれば、積極的に所有者や相続人は行動してくれます。

この本でも、行動してもらうために、空き家を解決することで「メリット」「儲かる」という視点で、いろいろなことを書かせていただいています。

空き家問題の解決は、所有者の皆さんに「メリット」「儲かる」を知ってもらうことから始まるのです。

第2章

まとまったお金が手に入る「売却」

売れるかどうか、スマホで1分でわかる！プロも知らない売買需要と売買相場の調べ方

私の講演が終わった名刺交換時に、突然、福田（仮名）さんから相談を持ち掛けられました。

「私の物件、売れますか？」

その場ですぐに答えるには後ろが列になっていたので、

「1～2分もあれば、最低限のアドバイスができますので、名刺交換が終わったら、少なくとも物件の住所と土地と建物の面積と間取りはざっくりと言えるようにしておいてください」

とだけお伝えして待ってもらうことにしました。

やっと名刺交換も終わり、ひと段落ついたので、福田さんに来てもらって少し事情をお聞きすると、相続された親の家で、田舎なので売れないと思って、私の古家・空き家の再生活用のセミナーを聞いて何か利用できないか、アイデアをもらいに来たよ

うでした。

セミナーの中で私が、「１９８１（昭和56）年5月31日以前に建築されている家は、２０２３（令和５）年末までは、相続人でも譲渡所得の３０００万円の特別控除の特例を受けられる可能性があるので、まず売却を考えること」と言ったので、売却できる判断がほしいようでした。

私は神様ではないので、絶対に売れるなんて軽口は叩きませんが、どの程度、売却の可能性があるかは、すぐに判断できると言ったのです。

そこで、福田さんには、スマホでも簡単に調べられる方法をお伝えしました。その方法をまとめたのが次ページの図です。

皆さんも試しに、自分の家や物件の住所と土地建物の面積と間取りを使ってやってみてください。

《売買需要の調べ方》

①まず、国土交通省の「不動産取引価格情報検索」というサイトを開く。

https://www.land.mlit.go.jp/webland/servlet/MainServlet

「売買需要」の調べ方

①まず、国土交通省の「不動産取引価格情報検索」というサイトを開く。

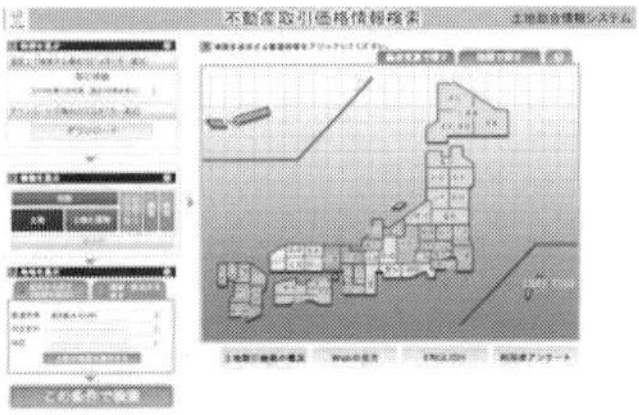

https://www.land.mlit.go.jp/webland/servlet/MainServlet

②「1.時期を選ぶ」で、取引期間を「過去2年間を含む」にする。

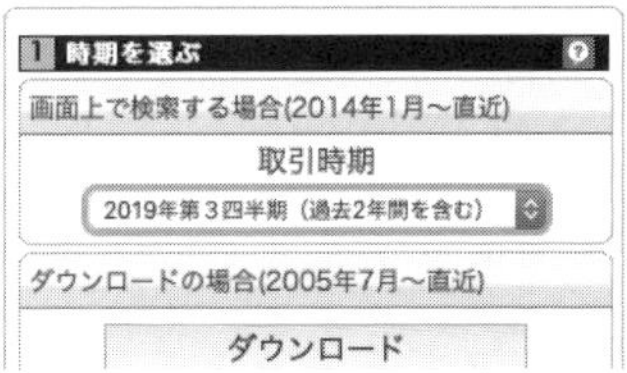

③「2.種類を選ぶ」で、「宅地ボタン」をクリック。

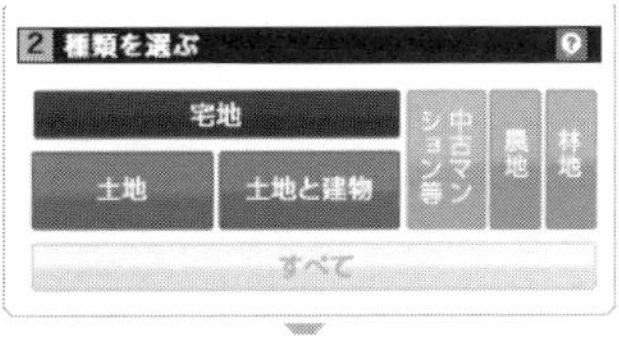

④「3.地域を選ぶ」で、自分の物件の住所のうち、市区町村まで入れる。

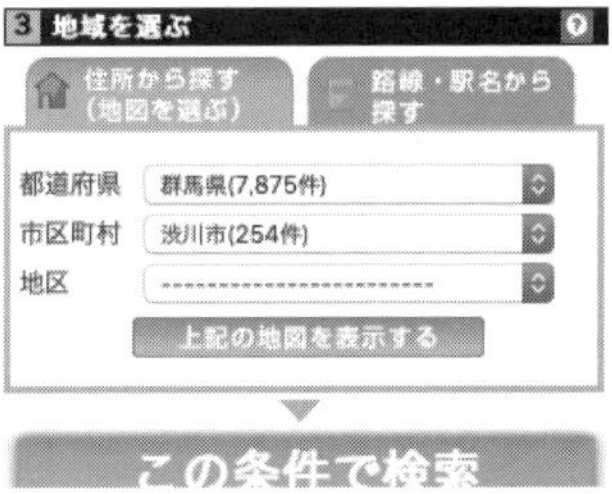

POINT

右記の写真のように、不動産取引情報が過去2年間で3桁に満たない場合は、その地域には売買需要がないと判断しよう。

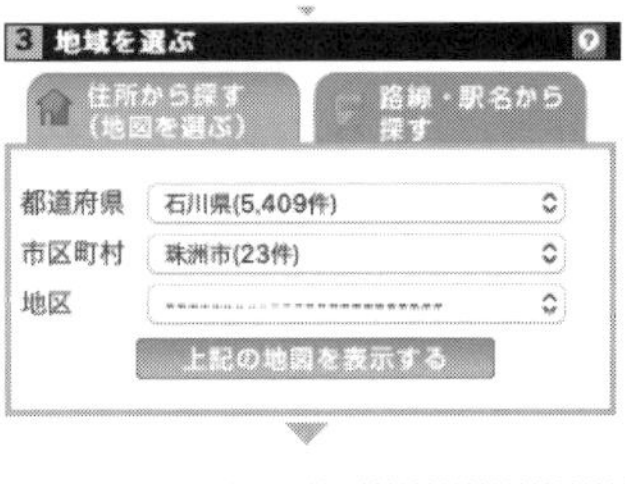

②「1．時期を選ぶ」で、取引期間を「過去2年間を含む」にする。

③「2．種類を選ぶ」で、「宅地ボタン」をクリック。

④「3．地域を選ぶ」で、自分の物件の住所のうち、市区町村まで入れる。

福田さんの所在地は、群馬県の渋川市（人口7万4000人）です。

ここですでに、不動産取引の市場の状態がわかります。

私が長年古家再生投資にかかわっている中でいえることがあります。物件売買の可能性判断基準は、少なくとも「市区町村」で、2年間で3桁以上の不動産取引情報があることです。

福田さんの場合（渋川市）は254件ありますので、少なくとも、売買される可能性はあります。値段などの諸条件はあると思いますが、不動産売買市場はあると考えられます。

物件売買需要が低い場合

しかし、同じ群馬県でも、高山村5件、片品村8件と出てきます。このような市区町村では、2桁にも満たない取引数です。ここに出てくる数字は過去2年で、1カ月で1件も取引情報がないわけですから、不動産取引市場の需要は低いと言わざるをえません。

例えば、他の県で石川県珠洲市（人口1万3000人）だと、23件となっています。1カ月に1件の不動産取引があるかないかというところです。

このようなエリアは、一般的に不動産業者に売却を依頼するだけでは、すんなりと売買が成立するのは難しいでしょう。

例えば、あなたがこの地域で不動産業をしようとしても、1カ月で1件ほどしか不動産取引がなければ、商売が成り立ちません。少なくとも2年で3桁の不動産取引があるようなところでなければ、不動産業者も出店しないでしょう。

不動産業者が営業エリアとして考えてくれない地域は、一般的な不動産売買需要はあまりないと考えたほうがいいでしょう。

そんな場合は、これから話す「空き家バンク」など、不動産業者に頼るのではなく、行政の力も取り入れないと売れるのは難しいでしょう。

ポイントは、市区町村で、2年で最低3桁を超える取引情報があることです。

プロの判断基準をもって、サイトを活用

群馬県渋川市の福田さんの事例に話を戻します。

福田さんには田舎に思えた、売れなさそうな実家でも、市場としては地域で2年間で254件ほどの取引情報があるので、一般に不動産業者に頼んでも売却の可能性はあると判断できると私はお話ししました。

このような話を福田さんのスマホを見ながらしていると、

「先生、本当ですね。1分もかからず売買需要がわかりましたね」

今まで『不動産が売れるか売れないか』は、不動産業者に査定してもらわないとわからないものだと思っていました。私のような素人でも、なんとなくつかめるものな

んですね」

　といいます。

　確かに、現在はこのような検索サイトが存在するので、だいぶ便利になりました。ただ、1つ大事なことがあります。

　このような検索サイトがあることを知っている人はたくさんいますが、そこで検索された結果がどのような意味を持っているのか、それをわかっている人がいないと、話は進みません。

　私は、全国でこの4〜5年の間でも1000件を超える空き家・古家不動産の再生投資の現場にかかわっているため、ある程度の数字に対する目安を持っているので、わかります。福田さんは、私からその判断基準を教わったから、判断できるようになったのです。

　福田さんに限らず、読者の皆さんも、これからはこのサイトを使って、ちょっとした空き家売買の相談ができるようになります。

　先ほどの「不動産取引価格情報検索」から細かい数字を拾わなくても、「市区町村で、2年で最低3桁を超える取引情報がある」という判断基準を持っていれば、売買が可能なエリアかどうか、現場に行かなくても判断できます。わずか1分もあればすぐ判断できます。

《売買相場の調べ方》

「本当に渋川市（エリア）で売買物件などがあるのか？」を調べるには、不動産物件数日本一のＳＵＵＭＯ（スーモ）を使います。

今回は群馬県渋川市エリアの物件を検索します。掲載している画面はＰＣ版ですが、携帯アプリも同じように使えます。

条件に間取り、福田さんの場合は３ＤＫの間取りなので、間取り「３Ｋ／ＤＫ／ＬＤＫ」にチェックを入れます。

①ＳＵＵＭＯ（スーモ）を開き、対象「市区町村」エリアの物件を検索する。

https://suumo.jp

②関東版のページから「中古一戸建て」を選ぶ。

③「エリアから探す」で「群馬県」をクリック。

「売買相場」の調べ方

①SUUMO（スーモ）を開き、対象「市区町村」エリアの物件を検索する。

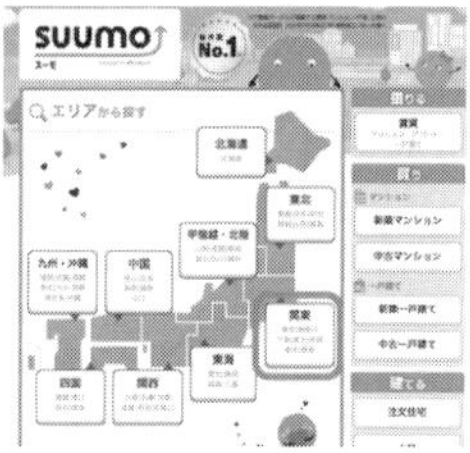

https://suumo.jp

②関東版のページから「中古一戸建て」を選ぶ。

③「エリアから探す」で「群馬県」をクリック。

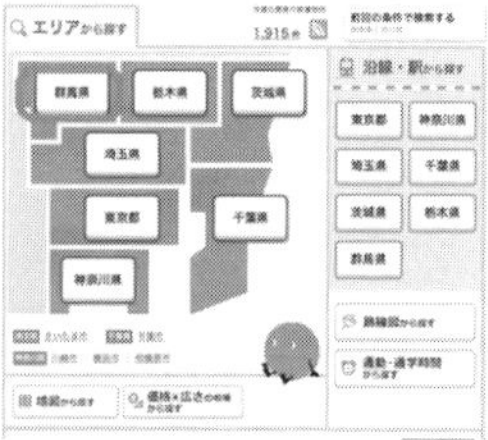

④「市区郡チェック」で「渋川市」を選ぶ。

⑤条件に、間取りにチェックを入れる。

POINT

自分の物件に近い「築年数」と「エリア」の物件の価格が相場感としてとらえる。

④「市区郡チェック」で「渋川市」を選ぶ。
⑤条件に、間取りにチェックを入れる。

このようにチェックすると、11件の物件が検索されました。この中で福田さんの物件に近い築年数とエリアの物件を見ると、1000万円ほどの物件がありました。

福田さんの場合、このあたりが物件の相場感のようです。

実際の売却するときの注意点

①同じ価格帯の物件より「質」を高める

少なくとも売り物件としての状態を整えて早めに処分したければ、比較物件より少し安めに出せば、物件を探している人からすれば、同等程度か、もしくは売るための工夫されている質が良いこちらの物件を先に選んでくれるでしょう。

購入者は同じような価格帯と質を踏まえて購入を考えます。もし、物件を比較された場合にこちらのほうがいいと思わせる工夫をしているものを選んでくれるでしょう。

②近隣の知り合いに声をかけておく

実際に売却する場合は、できれば近隣の知り合いに声をかけておくことです。

購入者は意外と近隣の方が多く、サイトに掲載されているからといって遠方からのお客さんではないことが多いものです。

③同エリア内に比較できる物件がないと売れない!?

また、取引事例が少ない、比較できる物件も少ない場合、購入者も比較判断ができず、売れにくくなります。

それは、お店で商品が棚に1つしかなければ、なかなか手を出さない心理と似ています。ある程度、エリア内に比較できる物件がないところは、なかなか売れにくい傾向があります。

いかがでしたか?

ここまで紹介した「売買需要」の調べ方、「売買相場」の調べ方、それぞれの基準や注意点は、実は最近まで、全国の空き家の活用相談の中で、20万円でコンサルティングしていた肝になる部分です。

では、なぜ本書で公開するのか？

その理由は、あまりにも全国で空き家が増えて、私も皆さんのご相談に乗り切れなくなってきているからです。

もはや私が全国の846万人もいる空き家所有者すべての相談に乗ることは、到底不可能な状況です。だから、皆さんにもできるようになってもらいたいのです。

もし自分で検索して目安になる物件がありましたら、その検索物件を取り扱っている不動産業者名も出ていますので、数社に売却価格の査定や売却の依頼をしてもいいでしょう。

「業者に任せっぱなしの丸投げ」の代償

「森田さん（仮名）、あなたもカモられますよ！」

自分で物件相場も調べない人は、不動産業者の言い値で損します。

自分の物件は、自分で査定して売りたいものです。

先ほどの群馬県渋川市の福田さんのように、少し時間があればある程度調べられるのですが、それを怠っている人が多く、また変な情報だけ耳に入って、迷路に入っているような人もたくさんいます。

森田さんは、「友人Aさんが不動産業者に任せっきりで売却したら、結局相場よりかなり安い値段で売らされた」と聞いて、どんな業者に売却を依頼したらいいのかと、私のもとに相談に来られました。

Aさんの話をもう少し詳しく聞くと、なかなか売れないので、業者に買い取ってもらったそうです。業者は、他のエンドユーザーに転売するはずなので、自分たちが儲かるように相当安い金額で買い取ったようです。

その業者は、地域では買取転売をよくしている業者で、その地域では有名な会社でした。私の知るところでは、買取して簡単なリフォームをして転売する仕事がメインで、そのまま仲介している事例は少ない会社でした。

はなから安く買い取る目的で、あまり広告もせず、売れないことを演出して安く買い取る作戦です。

森田さんの友人Aさんは、まんまとそれに乗っかってしまったのです。

なぜAさんはそんな罠《わな》に引っかかってしまったのか？

なぜなら、自ら自分の物件の相場を調べなかったからです。もし自分で調べていれば、そんな安値で売らなかったはずです。

「業者に任せっぱなしの丸投げは危険！」

ということですね。

自分で調べてから売却

そこで私は、森田さんには先ほどの福田さんと同じように、そんな失敗がないように、物件の市場性と売却価格の調べ方をお話ししました。

まず自分の売却の基準を持つことが大切です。

売買需要や売買相場を簡単に調べる方法をお伝えしましたが、他にも使えるサイトや指標はたくさんあります。

私も本格的なコンサルティングでは、そのあたりまでしっかり調査し、押さえます。

不動産購入サイトは、できるだけ検索します。中古住宅・マンションとして、住所や最寄駅のエリアで売り物件を検索します。検索結果で見た物件と自分の物件を比較すれば、なんとなく、自分の物件の相場感もわかるものです。

それを怠ってはいけません。

それぞれの物件の調査の検索に私が使うのは、

◎**スーモ**（https://suumo.jp）の他に、

◎**ホームズ**（https://www.homes.co.jp）

◎**アットホーム**（https://www.athome.co.jp）

◎**不動産ジャパン**（http://www.fudousan.or.jp）

あたりは最低限チェックします。

このようなサイトで、該当エリアの売り物件を探すことから始めます。

これなら、たとえ離れた親の実家の物件でも、わざわざ近くの不動産屋さんに行く煩わしさがなく、ある程度調査できるものです。

公的な相続税の課税評価から、売買相場を推測する

土地の値段の相場は、次のような方法でも調べられます。

元々土地は「相続税路線価」という国税庁が定めた土地の評価があります。

「財産評価基準書路線価図・評価倍率表」（http://www.rosenka.nta.go.jp）というサイトがあります。

各都道府県の路線価図を選び、あなたの物件の所在地を検索すると、土地の平米当たりの道路に沿った相続税評価額が出ます。

その金額は、実勢の取引価格の80％くらいの評価といわれています。

例えば「１００」と出ていれば、千円単位で表示していますので、「10万円／㎡」を示し、実勢の不動産土地価格は、

「10万円／80％＝12万５０００円／㎡」

となります。

そこに物件の面積を掛ければざっくりつかめます。

例えば「80㎡」の面積の家なら、土地価格は

12万5000円×80㎡＝1000万円

となります。

古い家なら建物価格はほぼゼロなので、これが売買価格の目安になるでしょう。

森田さんに調べてもらうと、中古市場も活発な取引がある地域で、人気のエリアでしたので、建物価格は評価できませんでしたが、土地の値段は900万円程度だろうと判断できました。結局、売却もほぼそれに近いものになりました。

「場所も遠方の親の物件でしたが、ある程度、事前に調べておいたおかげで、地元の業者と交渉するのもスムーズでした。業者の言葉に乗せられて、安く売らされることもなく助かりました」

と森田さんは語ります。

物件査定した価格より、流通価格が安いわけ——業者の手口や狙いを知っておく

では、なぜ業者は安い売買価格を提示したがるかです。

業者は、取引が成立しない限り、仲介手数料をもらえない仕組みになっています。

そこで、さっさと契約が成立して仲介手数料をもらうために、安く売り出して、すぐに買い手がつくようにしたいわけです。時間がかかって売れないことより、すぐ売れて手数料になることを選択しがちなのです。

不動産業者が仲介の依頼を受けたいために出す査定価格は、「売れる」とわかると、あなたが損をしても売却査定価格を覆します。

私がまず物件エリアの取引事例数を調べるのは、物件自体が売却可能かという市場性を見るためです。どんな値段を物件につけようが、売れなければ意味がないからです。

また、不動産の価格も、流通性のある適切な価格に査定されているとは言えないの

が現状です。

不動産査定は、基本的には物件そのものの金額評価であり、流通価格ではありません。

ということは、不動産業者が物件査定して設定した「販売当初価格」と「実際に販売・購入された値段」には乖離《かいり》があるということです。

例えば、最近の古家再生物件でその比較をしてみましょう。

次ページの図をご覧ください。

賃貸転用のための古家再生物件の売却価格なので、比較的低価格な物件ですが、参考にはなります。

いかがですか?

全国で不動産業者が物件査定した価格より、売却価格は相当に安くなっていると思いませんか。

これが実際の流通価格なのです、不動産業者が物件の土地の形状や路線価、建物は建築コストや劣化具合を検討した物件価格ですが、実際に取引された価格(流通価格)とは大きな開きがあります。

「販売当初価格」と「実際に販売・購入された値段」の比較

所在	販売当初価格	実際の売却価格
大阪府大阪市阿倍野区	180万円	120万円
大阪府四條畷市	200万円	100万円
和歌山県和歌山市	790万円	420万円
奈良県大和高田市	300万円	170万円
滋賀県大津市	300万円	240万円
埼玉県さいたま市北区	780万円	100万円

所在	販売当初価格	実際の売却価格
埼玉県川越市	500万円	280万円
千葉県柏市	680万円	300万円
石川県河北郡	300万円	130万円
富山県高岡市	300万円	60万円
愛知県一宮市	490万円	280万円
岐阜県可児市	600万円	400万円

物件中心に査定価格を出すのと流通価格（実際に売買される価格）ではかなりの値段差が出る場合があります。

特に賃貸転用を目的とした場合、地方ほど家賃設定が低くなる傾向があるため、家賃に見合う価格を想定すると、業者が査定する価格との間に大きく差が出るのです。

このような乖離が出るもう1つの要因は、売主のご機嫌をとる価格を提示して、自分に依頼をもらいたいために、無理に値段を高くしておいて、実際に買主がつけば「値段交渉して安くすればいいや！」と思っている場合もあります。

そのため、その査定額が正直価格かは判断がつきにくいものです。

例えば、あなたの物件が１０００万円で売れたときの業者の手数料は、36万円（税別）。

あなたの物件が３００万円減の７００万円で売れたときの業者の手数料は、27万円（税別）。

あなた（売主）が３００万円手取りが少なくなっても、業者は９万円手取りが減るだけです。

そのため、依頼者の売値が少々安くなっても、業者の手数料はあまりダメージがないのです。

一方、売主は３００万円の減額、かたや業者は９万円の減額。

こんな状況ですから、業者は売買価格の減額にあまり痛みを感じません。それより早く買主が見つかってさっさと手数料をもらえるほうがうれしいのです。

いくら業者が立派な価格査定をしても、実際に売れなければ、絵に描いた餅です。業者も成功報酬なので、売れなければお金になりません、高く売るよりは、早く契約が成立するほうに力が入るのです。

だから、売却依頼を優先して出した査定価格と実際の売却価格には大きく差が出る可能性があります。

売れにくいエリアの物件ほど、この傾向は強いのです。

だから私は、まずその物件に流通市場性があるのかを判断することが大切だと思います。

値段はいくらでも出せますが、結局売れなければ意味がないからです。売れる市場であれば、あとは値段や質だけの問題で、いずれ売却はできますが、そうでなければダダでもいりませんと言われて、ずっと空き家で残ったままになってしまいます。

売れない状況にもいろいろあります。

まずあなたの物件は、売却できるエリアなのか？
あなたの物件は、市場性があるのに、売れないのか？
間取りが悪いとか何か欠点があり、売れないのか？

売れない状況により手の打ち方は変わってきます。

市場性もあるエリアでなかなか売却できない場合は、販売価格が流通価格になっていない可能性があるかもしれません。

お金を少しでも多く残したいなら、1つの不動産業者に依存にしてはいけない

物件売却の相談に行ったはずなのに、いつの間にか、その業者に売却を依頼することが一番大事なことだと、すり替わってしまうケースが見られます。

そんな落とし穴にはまりたくないなら、売却を不動産業者に頼む前に、まず自分で物件の相場調査することが大切です。そして、ある程度、相場感を把握してから、不動産業者に売却をお願いしても十分間に合います。

不動産業者の選定にはいくつかポイントがあります。

先ほど、検索サイトであなたの物件の相場を調べてもらったのには、2つの意味が

あります。

1つは、不動産業者の言いなりの売値をつけさせられないよう、しっかり相場感をわかっておくことです。

業者によっては、素人のあなたが知らないことをいいことに、売りやすい安値の値付けを押し付けてくる場合もあります。しっかり対抗できるだけの知識は必要です。

もう1つは、一般サイトから情報を見ると、あなたの物件のエリアを多く扱っている不動産業者を見つけることができます。

やはり、地元の情報に強い不動産業者に依頼するのがベストです。

物件調査をしながら、不動産業者も数件チョイスしておく必要があります。

前のめりの営業マンにご用心

竹中さん（女性・仮名）は、親の実家の売却の相談のために、近所の大手不動産業者を訪れました。

本来なら、実家の近くの不動産業者に相談に行けば良かったのですが、相談だけなのであまり深く考えずに、自宅近くの大手不動産業者に行ってしまいました。
営業担当者は、「当社は全国ネットの会社なので、遠く離れたご実家でも十分対応できます」と、専任契約（用語1）を結んで、独占的に売却依頼をさせるようなトークばかりで、肝心の現地の相場感や売れるのかどうかなど、肝心なことは調べてくれません。
とにかく、「私に任せてもらえれば大丈夫だ」の一点ばりで、自分の案件にすることばかりで、一向に話が前に進みません。

【用語解説】専任契約

宅地または建物の売買、交換または貸借の媒介（仲介）を宅建業者に依頼する契約のこと。

「媒介契約」

（1）依頼者が他の宅建業者に重ねて依頼することができる。

「一般媒介契約」（明示型と非明示型がある）

（2）依頼者が他の宅建業者に重ねて依頼することができない専任媒介契約。

（3）依頼者が依頼をした宅建業者が探索した相手方以外の者と契約を締結することができない専属専任媒介契約がある。

私も不動産業者なのでわかりますが、大手不動産会社の営業マンは、会社からしっかり予算管理されているので、あなたの相談をノルマを乗り切るためのネタとしてゲットしようとしている可能性があります。だから、まず仕事を取ることありきで、あなたのためにすすめているわけではない場合が十分にありえます。

ろくに説明も調査もしないで、自分の仕事にしたい思いばかりをあまりに推してくる営業担当に対して、竹中さんもさすがに少し怖くなって話を切り上げて帰ろうとしても、なかなか帰してもらえません。

ちょうどそこに、携帯に友人からの電話がかかってきたので、それを理由に「また具体的になれば相談に来る」と言って、電話を聞きながら店舗から逃げ出しました。

相談も売却依頼も複数の不動産業者にする

竹中さんは、普通の会社員なので不動産業者と直接かかわるようなことはなく、びっくりしたようですが、不動産業者の多くの営業マンは、安い固定給に営業成績に応じたコミッションがもらえる収入体系になっていることから、普通の固定給のサラリーマンに比べて仕事を取ることに必死になり、なりふり構わない人もいます。

そこで、竹中さんは友人を介して、私にどうすればいいか、相談がありました。

竹中さんには、まず物件の市場性と相場の調べ方、そして営業マンとの接触の仕方をお伝えして、話の進め方をレクチャーしました。

あまりに最初のインパクトが悪かったのか、不動産業者を訪問するのは二の足を踏む感じでした。最悪、私が業者訪問時に同伴してあげるとお伝えして、なんとか前向きに行動することができるようになりました。

最初は、複数の不動産業者に相談するようにさせました。

情報収集も目的なので、いろいろな意見を聞く必要性があるからです。

不動産業者はどうしても自分のところだけで扱いたいと思い、専任で任せてくれないかと頼んでくるところもあります。

しかしここは、できれば複数の不動産業者に売却依頼するほうがいいでしょう。

今は、不動産が余っている時代です。売却するためには、広く情報を拡散するほうが有利だからです。


1社に絞らず、複数の業者に売却依頼するほうが、売却の確率は上がります。


依頼したら、買主が見つかるまで、それぞれの業者に、

「いろいろな方に見てもらえるよう、案内をお願いします」

と声をかけて、実際にどれくらい案内数があるか把握しておくといいでしょう。

物件の印象を良くするコツ

実際に購入希望者を見つけるために、見にきてくれた方の印象アップのため、家財道具は片付けておいたほうがいいのです。

家財やゴミが部屋に残っていると、印象も悪く、また値切りのネタに使われかねません。

この章の冒頭でお伝えしたように、1981（昭和56）年5月31日以前の建物は、取り壊して売却することがほとんどです、そのため、どうせ壊すからと、ほったらかしで片付けていないと印象が悪く、値打ちを下げてしまいます。

建物は残っていてもいいですが、家財やゴミは片付けておくべきでしょう。

建物も売却対象の場合は、後述する**「売るための工夫13選」**をご参考ください。

不動産業者もソッポをむく物件だったら……

あまり望みたくないものですが、不動産業者もソッポをむく物件も存在します。

ただ、そんな物件もなんとかしなければいけません。だって、元は誰かが住んでいた大切な家なのですから。放置しておくだけで、経済的なコストもかかります。あきらめてはいけません。

例えば、とんでもない田舎で地元に不動産会社もないところもあります。

その場合は、**「スーモ　移住・田舎暮らしサイト」**（https://inaka.suumo.jp）などで、知り合いの不動産屋さんに登録してもらう手があります。

その他にも、次のようなサイトがあります。

◎ふるさと情報館　http://www.furusato-net.co.jp

◎一般社団法人　移住・交流推進機構　https://www.iju-join.jp

または、自治体が運営している空き家バンク制度を利用すると、その地方に住みたい方や移住したい方に紹介してくれます。

◎全国自治体支援制度まとめ　https://www.iju-join.jp/feature_exp/065.html

このようなサイトをチェックすると、あなたの物件の地域には、空き家に移住すると、いろいろな奨励金、手当や助成金が用意されていることに気づくでしょう。

このようなサイトも積極的に利用すると、都会からのUターン、Iターンの方々に売却処分できる可能性が増えます。

不動産業者に頼んだだけで、反応がなく売却をあきらめているよりは、売却の可能性が数段増えるはずです。繰り返しますが、あきらめてはいけません。

売りたくても売れないときもある

売却から進めたのに、全然反応がない……。そんな場合もあるでしょう。

ここで、反応がないレベルを診断する必要があります。

◎レベル1……不動産業者にも売れないと断言され、断られてしまう。

◎レベル2……当初設定売価では売れない。

レベル1は、そもそも物件の市場性がない（購入者が存在しない）ケースです。

どんな場合かというと、過疎地などで辺鄙《へんぴ》なところで、ほとんど人が住んでいない、利用価値がないと思われる物件です。

このように判断される場合は、後述の相続放棄や相続税の物納なども検討すべきでしょう。また、市町村などの行政に相談するのも1つの手です。何らかの支援をもらえる可能性もあります。

レベル2は、ある程度市場性があり、値段いかんでは処分できる場合です。単純に価格を下げてでも売却できるのであれば、売却したほうがいいでしょう。

今後はますます空き家が増えて、売却希望物件が増えてきます。そうなると、ますます売却相場が下がってきます。

マクロ視点からいえば、日本は人口が減り、世帯数が減少していくのですから、不動産価格は一部の人気エリアを除いて、値下がりの可能性が高くなります。

つまり、「今売るのが一番高い」ということになります。値段が下がったとしても、売れるのならできるだけ売るべきです。

放置空き家誕生の原因

しかしながら、相続などで不動産が共有になっている場合は、それぞれの遺産額の分配にも影響し、またローンなどの借入れが残っている場合、返済をどうするのかも決めなければなりません。

こうなると、買主がいても、そうそう売れない場合も出てきます。

下手をすると、相続人同士の分配金の調整がつかず、売れる値段がわかっていても塩漬けになってしまいます。

Aさんは、ごきょうだい（弟、妹）と両親の実家を相続することになりました。

実家は売却して、ローンが一部残ったものを返済したのち、きょうだいで平等にお金で分配することになり、お兄さんが主導で、売却を進めていました。

ところが、当初想定した金額では売れず、購入申込みが入った金額での売却を弟妹に打診したところ、弟さんは「それは安く売りすぎだ！　もっと高く売れるはずだ」と言い始めて、お兄さんも、売却について手を煩わすのが嫌になってしまい、物件は塩漬けで現在空き家のまま放置されています。

しかし、人の住まない家を放置すると、ますます荒廃してしまい、住宅として売ることも困難になります。

地元からは、あまり放置せずに、解体するなり売却してほしいという話が出るのですが、きょうだいともに率先して手をつける者がいない状態です。

このような相続問題で空き家になっている物件も年々増加しています。値段はともかく、購入希望者のあるうちに売却しないと、時間が経つほど売りにくく、この情勢ではますます価格も下がっていくと思われます。

これだけ空き家が増えて、物件が選び放題になっている現状で売り損ねると、もう二度と買い手がつかないことも十分に考えられます。

安値で売る決断をするか？

売却することをあきらめて活用することを考えるか？

早い決断が必要です。遅い判断は、ますます物件の価値を毀損《きそん》してしまうだけです。

「売るための工夫」13選

たとえ「古家」だろうと、「空き家」だろうと、売主のあなたが「売るための工夫」をするかしないかで、売れ行きや値段が大きく変わります。手を抜かずに気持ちを込めて、売るための工夫をしたいものです。

ここでは13の工夫を紹介します。自分の物件を思い浮かべながら、ぜひ参考にしてみてください。

①家財は片付ける

残置物があると、物件の内覧時に印象が悪いものです。ましてゴミなどが残っていると、案内時に嫌な匂いや虫が湧いていたりして、大幅減額のネタになります。

玄関入口まわりにある、手入れのされていない植木鉢やプランターも片付けて、ポストもポスティング広告ばかりなら、郵便局に転送案内をして外しておきましょう。

②芳香剤などを要所に置いておく

空き家で換気が悪いと、嫌な臭いがこもりがちです、キッチン、トイレ、風呂などの配管のあるところや、玄関やリビングなどにも、芳香剤を置いておくと、印象が良くなります。

③電灯をつけて明るくして、たくさん写真を撮っておく

売却を依頼する業者に渡せるように、データをコピーしておいてください。最近の売買サイトは、たくさんの写真を掲載できるようになっていますので、写真の少ない物件より、写真の多い物件は有利になります。

④ホームステージングで高く売る

あまり聞きなれない言葉ですが、海外では売却するときに、部屋を家具や小物でモデルルームのようにして売却します。それがホームステージングです。日本では新築の住宅やマンションではよく見るのですが、アメリカなどでは中古住宅でも行なわれます。

このようにすると、内覧に来た方が住んだときのイメージが湧きやすく、販売価格もステージングでかけた費用を上回り、高く売れる傾向にあります。日本でもますます増えてきています。

私は、賃貸住宅で取り入れています。ホームステージングをすると、入居者が早く見つかり、家賃も高く入ってきます。

⑤（当初の売却期間であれば）電気は解約せずに使えるようにしておく

電灯だけはつくようにしておきます（電気代は使った分だけなので、費用負担は少ない）。

暗い部屋を案内するより、数段印象が良くなります。電気を止めてしまったなら、大きな懐中電灯だけでも玄関に置いておきたいものです。

水道は、清掃など水が使えるほうがいいのですが、基本料金が必要で、特に公共下水のところは下水の基本料金もかかります。負担が大きいので、空き家にするなら閉管でいいと思います。

⑥内見の方用に、現地にキーボックスなどを設置

置き鍵をするほうがいいです。キーボックスはホームセンターなどで手軽に手に入りますので、不動産業者がすぐに案内できる状況にしておくほうがいいでしょう。

⑦売却は1社ではなく、複数の不動産業者に依頼

大手もいいですが、地元の駅前の不動産業者にも依頼するほうがいいでしょう。売却情報は、多角的に広く拡散されるほうが売却可能性は高まります。

⑧物件自体にも売家の看板をあげておく

できれば、売主の電話番号を入れておくと、業者を通さず直接、問い合わせがあったりします。お互い業者に仲介手数料を払わなくて済むので、費用が助かります。

ただし、この手法は不動産業者は嫌がりますので、状況によります。

⑨壊れたり、割れたり、破れたりしているところは修繕する

売却する物件にお金をかけたくないのは心情ですが、ガラスが割れていたり、壁に穴が空いていたり、床に穴が空いていたりすると、結局値切りネタになります。

簡易でいいので、家が荒《すさ》んで見えないよう補修しておくほうが値落ちが少なくて済みます。あまり手を入れなくても住めそうなほうが売れやすいのです。

⑩庭木は思い切って切っておく

庭木は手入れがちゃんとされていれば、とても雰囲気のいいものですが、手入れをしなければみるみる茂って鬱蒼《うっそう》としてしまいます。

それでは家まで暗く見せてしまいますので、もったいないようですが、あまり手入れする気がなければ、思い切って根元のほうから伐採しておくことをおすすめします。

⑪ご近所には挨拶しておく

長く空き家にして、業者だけが案内に来る程度の家は、ある意味、近所からすると物騒なものです。

そこで「何かあればご連絡ください」と連絡先などを知らせておくだけでも、ご近所の方も安心して、内見に来ている人に対しても悪い話はしなくなります。

⑫地元の親戚や知り合いには、売却することを伝えておく

意外と地元でお家を持っている人でも、家族（親や子供）を近くに住まわせるために家を探している場合があります。

声をかけているだけで、買主が見つかったりします。ローカルほど口コミが強いものです。

⑬境界を確定、実測面積を出しておく

費用はかかりますが、古い土地は、多くの場合、実際に道路の境界や隣地との境界ポイントを確定して測ってみると、登記上の土地面積より面積が多くなることがあります。家屋調査士さんに依頼して、測量してもらって面積が増えた分で費用を吸収できることが多いものです。

特に不動産業者などが購入者の場合、面積が確定して近隣との境界が明確な物件を好みますので、売りやすくなります。

土地に関して未確定要素がないので、値段も少し高めになることもあります。

面積も増えて、売る価格もアップする可能性がありますので、事前に境界確定して実測面積を出しておくことをおすすめします。

売却の落としどころ
――費用対効果、スムーズな売買を目指す

ここまでお伝えしてきた「物件の印象を良くする工夫やコツ」を意識しながら、少しでも高い値段で売却することを狙いつつ、なおかつコストをかけすぎず、一般的な不動産売却の税金の計算の中で、譲渡費用の部分を減らす工夫を考えてみます。

ここで注意するのは、費用対効果です。

コストをかけすぎて、残りのお金が少なくなってしまう、逆に、ケチりすぎて、見に来た人や購入希望者にそっぽをむかれるようでは、本末転倒になってしまいます。

売れるために最低限のコストはかけることが大切です。

このあたりは、売却依頼している売買仲介の担当者の意見も取り入れながら、やりすぎない範囲で工夫してください。

費用を安くすることばかり考えて結果を出せない人をことわざでは、「一文惜しみの

百知らず」と言います。

早く売れて、できるだけ手元にお金が残る取り組みが必要です。

不動産は共有持分にしないのが原則

相続すれば物件を売却することを決めている場合、きょうだいと共有持分に絶対にしないのが原則です。

いざ売却時になって、きょうだいで揉《も》めて売却できずに塩漬け空き家になることが結構あります。

相続時に不動産は一人名義人にして、売却後に相続人に金銭で分配するように話をつけておくことが、円満に実家を売る秘訣です。

一般的な不動産売却の税金の計算

売却で一番お金が引かれるのは税金です。

まず、不動産を売ったときの税金を考えてみます。

譲渡価格（売った金額）－取得費（購入時価格や諸費用）－譲渡費用（売るときにかかった費用）－特別控除（居住用の3000万円控除など）

※古い物件で購入価格が不明な場合、売価の5％を概算取得費として認めてくれます。

この計算式で**「課税譲渡所得金額」**が出ます。この金額に対して課税されます。

そこで多くの自宅や相続等によって取得した空き家等（被相続人の居住用）の売却では、この3000万円の特別控除が使えますので、課税譲渡所得金額がマイナスになり、課税されないことが多いのです。

しかし、売却価格が高額だったり、特別控除がない場合は税金がかかってきます。ほとんどの場合、所有期間が5年以上あると思いますので、「課税譲渡所得金額」の20％が税額になります。

なお、これもあくまで売却方針を決めるための概算です。この時点で税理士さんに相談すべきです。特別控除などの適用要件は、とても細かく規定されていて、あてにしていた特別控除を受けられないと、税額が大きく変わってしまいます。ご注意ください。

売却時のポイントになる特例の解説
──被相続人の居住用財産を譲渡した場合の3000万円特別控除

平成28（2016）年4月1日から税法上の特例ができました。

被相続人の居住用財産を譲渡した場合の3000万円特別控除というものです。

期間は平成28（2016）年4月1日から令和5（2023）年12月31日までに売った場合です。

※「被相続人」とは、お亡くなりになった方のこと。

この場合、売却にあたり、譲渡所得（1）が3000万円以下なら譲渡税がかかりません。

従来は、相続人が親などから相続した家を売る場合は、土地の長期譲渡の税率が20％（所得税15％、住民税5％）、どんなときでもかかっていました。

（1）（譲渡所得）＝売却価格－（取得費＋譲渡費用）

それが3000万円までかからないのですから、例えば、簡単にいうと譲渡所得が3000万円の場合、従来は600万円の税金がかかり、手取りは2400万円になるのですが、この特例に該当すると、3000万円が丸々手取りになります。

そのため、この特例に当てはまるときは、とにかくまず「売却」から考えることがあなたの手取り金額を最大化できるのです。

◎貸してしまうとダメ！

この特例要件は、あくまで居住用であり、親が住んでいた家を親が亡くなる、もしくは、空き家になった時点で、賃貸していては該当しません。

◎契約・売却時の注意点

相続した家は、売却時に解体して引き渡すか、耐震工事をして引き渡さないと特例を受けられません。

しかし、現実的には、売却が決まれば、耐震工事代と解体費を比べても解体するほうが、買主にとっても土地の利用度が高まり、売却価格も高くなるはずです。

売却時は、建物は売主が解体して、土地で引き渡す条件で売り出せばいいのです。売却が決まって（売買契約締結）から解体して、決済までに引き渡せば十分に間に合います。

逆に、**事前に解体してしまうと、固定資産税が更地並みの課税になり、固定資産税が3〜6倍に跳ね上がってしまう可能性**もあります。

また、建物の解体後は1年以内に売買契約しないと特例が使えません。結構、時間的制約を受けてしまいますので、できれば、売却直前に解体することが大切です。

売買契約締結時に手付金がもらえれば、解体費もそのお金でできますので、売主の金銭的負担も軽減できます。

いかがですか？

余計な譲渡税の負担もなく、解体費などの費用も別に用立てなくても売却できます。

この特例を使うには、一定の要件に当てはまらないといけません。

なお、この特例は専門家でなければわからないことも多いので、この要件を適用したいことや、できるかどうかを、売却する前に必ず税理士さんや税務署に確認してください。

この事前相談を怠って、適用できずに、泣く泣く譲渡税を払う羽目になる方もいます。

特例を使わない売却

築年が昭和56（1981）年5月31日以降の建物や賃貸利用していたような、なんらかの条件に当てはまらず、売却をする場合の税金は、「課税譲渡所得金額」に譲渡税がかかります。

課税譲渡所得金額は、実際の売却価格（譲渡価格）から取得費、譲渡費用、特別控除を引いた金額です。

一般的に相続の物件の場合は、所有期間5年超にかかる税率は一律20％（所得税15％、住民税5％）の税率をかけて計算し、所得税や住民税がかかります。

なお、所得税額については期間限定で、復興特別所得税2・1％（令和19〈2037〉年まで）の税率を所得税額にかけて別途かかります。

特例を使えない売却しか想定できない場合、あえて売却を選ばず、賃貸などの活用も考えてもいいと思います。

相続上、どうしても物件を処分し、現金による分割しか話がつかない場合を除いて、活用を考えられたほうがいいと思います。

住んでいなくても、賃貸にしていても使える！空き家のための特別控除

低価格の空き地・空き家の売却の特別控除があります。

この制度は、全国的に増える空き家・空き地を新たに利用する人に譲渡すれば、税金の特別控除を受けられるというものです。

低価格で空き家や空き地を売却した人には、居住用などに関係なく利用しやすい制度です。

例えば、古家の不動産投資をしている個人の方の物件が、たまたま退去で空き家になっているときに売却しても、この控除が受けられます（あくまで個人所有で法人では使えません）。

空き家といえば、性格上低価格で売却されていることも多いと思います。

私が顧問をしている「全国古家再生推進協議会」でも、200万円や300万円で取引されている空き家・古家はたくさんあります。

居住用の3000万円控除のように、手続きや要件が煩雑でなく、低価格なら手軽に最大100万円の税金の特別控除を受けられる制度です。

「低未利用土地等を譲渡した場合の長期譲渡所得の100万円特別控除」という特例です。

この特例は、令和2（2020）年、全国的に増加する空き地・空き家の利活用を促進するためにつくられた制度です。

現在は、令和7（2025）年末までの期間で、800万円以下売却（譲渡）された低未利用地等（空き地・空き家）の長期譲渡所得（5年以上の所有期間のもの）については100万円の特別控除ができます。

注意点は、売買価格は1円でも800万円を超えると適用できないところです。よく間違えられるのが、売却価格でなく譲渡所得（売却価格から売却にかかった諸経費を差し引いた後の譲渡所得金額）で課税対象になる額を表しますが、今回の場合は、あくまで売買価格が対象です。

例えば、売買価格が850万円で、売却時の諸経費で100万円かかっていれば、譲渡所得は750万円で特別控除の対象になりそうなのですが、売買価格が800万円を超えているので対象外となります。

不動産を売った場合、一般的には譲渡税の対象になるのは譲渡所得により算出されることになるので、専門家でもよく売買価格でなく譲渡所得価格と勘違いする人がいます。

細かい適用条件はここでは書きませんが、行政の空き家バンク等に登録しているような物件のほとんどが対象になります。

もし８００万円以下で売却するような物件が想定される場合、税理士さんと売却前に相談して、この特別控除を受ける準備をしてください。

売却後には証明しにくい書類もあり、売却前から準備が必要です。

例えば、役所から物件に宅建業者の「空き家」「空き店舗」等を表示した現地の看板の写真を要求される場合がありますが、売却後に現地に看板を貼ることは困難です。

一般的に、不動産を売却して税務申告をするような場合は、売却後に税理士さんに依頼することが多いですが、先にお伝えしたように、売却後ではどうにもならない手続きがあったりしますので、どちらの特別控除でも、事前に使いたい旨を税理士さんに相談し、売却前から書類等の準備が必要になります。

しつこいようですが、必ず事前に税理士さんに相談を！

「売れない」と踏ん切りをつけた後の次の一手
――相続放棄・物納・ターゲット変更

「もう売れない、売るのをやめよう」と思ったら、どのような一手があるのか、気になるところでしょう。

考えられるのは、残り3つの解決法「使う」「住む」「貸す」から考えていくのが手順になります。これらの3つの解決法は、第3章以降にそれぞれ解説していますので、参考にしてみてください。

ここでは、「使う」「住む」「貸す」以外の番外編をご紹介します。

番外編には3つの方法があります。

◎相続放棄

そもそも「相続自体をしない」「相続放棄をする」という考え方です。

しかしながら、相続放棄をした場合も、

「次に相続人になった人が相続財産を管理できるようになるまで、自分の財産を管理するのと同じぐらいの責任をもって管理しなければならない」

という民法の規定（民法第９４０条）があります。

固定資産税などの支払いは免れますが、管理責任は残ってしまい、完全に手離れできたとは言えないのです。

相続放棄したから安心なわけでなく、例えば、地方の田舎で相続放棄した親の家が老朽化して近隣の住宅に被害を与えた場合、突然、あなたの管理責任を問われて、あなたに損害賠償を請求される可能性もあります。

そのため、管理責任まで免れようとするなら、家庭裁判所から選任された「相続財産管理人」が管理責任を引き継がないといけません。

しかし、相続財産管理人の選任をするには、その報酬や経費に充てる「予納金」が必要になります。

一般的には予納金は50万〜１００万円ほどはかかると言われています。

相続もしていないのに、別途お金がかかるのです。最近はこのような相続を「迷惑相続」と言うそうです。

それでも、思わぬ管理責任を負うくらいなら、お金をかけてでも相続財産管理人を選任してもらうことをおすすめします。

古家を放置して維持管理の責任を負うなら、こちらのほうが安くつく可能性がありま す。

また、安易に自治体への寄付なども考えますが、なかなか受け取ってもらえないのが現状です。

しかし、自治体が借りてくれる場合があります。自治体の施設の駐車場や会館などニーズがマッチすれば、借りてくれる可能性もあります。

困ったときは、寄付だけでなく、借りてもらえないかどうかも相談対象です。

◎物納

流通価格（売れる値段）は安いのに、やたら不動産評価額（路線価）が高い場合があります。

こんなときに相続税が発生する場合は、お金ではなく、その古家を物納できないか税務署と交渉するという方法があります。

一般的に、古い建物は、税務署は収納しようとしませんが、交渉によっては可能性もありますので、相続税の申告をしてもらう税理士さんにご相談ください。

◎収益不動産にして売却

第5章でお話ししますが、家賃が得られる収益不動産とすることで、別の客層へのアプローチができ、現時点で売れなかった物件が再評価されて、売却できる場合があります。

「相続土地国庫帰属法」は、空き家対策に有効か？

先述のとおり、相続放棄しても、次の条項が存在します。

「次の相続人になった人が相続財産を管理できるようになるまで、自分の財産を管理するのと同じくらいの責任をもって管理しなければならない」（民法第940条）

この条項により、相続を放棄してもなお、管理責任は免れません。

現在、管理責任を免れるためには家庭裁判所から選任された「相続財産管理人」に管理責任を引き継いでもらうしかありません。

そのためには、面倒な手続きと相続財産管理人の報酬や経費に充てる「予納金」が必要になります。

この制度は、相続放棄が前提です。

そんな中、相続した土地だけを国に対して引き取ってもらう制度ができました。それが**「相続土地国庫帰属法」**です。

この法律は、2023（令和5）年4月27日から開始されました。

あくまで、相続した土地に関して適用できます。

そのため、建物がある場合は、解体して更地にする必要がありますので、解体のコストは相続人が負担しなければなりません。もちろん、抵当権等の設定等の争いのない土地でなければなりません。

この制度の場合も、**建物解体費や10年分の土地管理費用相当額の負担金の納付が必要**になります。

おそらく国は、この制度によって、所有者不明の土地や放置されたままの不動産をなくそうと考えて法律をつくったのでしょうが、相続人にしてみれば大変です。売れない、使えない、手に負えない不動産をただで国に引き取ってもらうのに、解体費や負担金を納付しなければならないからです。

もし相続財産がこの不動産しかない場合、果たして、相続人が追い銭をしてまで国に引き取ってもらうでしょうか。

「そんなにお金がかかるなら、売れるかもしれないので、当面放っておこう。どうしても処分できないとわかるまでそのままで」

と相続不動産の放置が増えるのではないかと思っています。

お金の勘定から考えても、解体費や負担金などのまとまったお金が用意できないので、「まだ、だらだらと固定資産税を毎年払っておいたほうが金銭的な負担は楽だ」と考える人もたくさんいるのではないでしょうか。この法律ができても、「負動産」はまだまだ減らないでしょう。

法律に頼らず、なんとか民間ベースで解決法を見いだしたいものです。

まとまったキャッシュを投資に回せば、あなたも億万長者

売却でまとまったお金が入れば、投資してください。

というのも、豊かになるための法則があるからです。

先ほども少し触れましたが、経済学者トマ・ピケティさんは、著書『21世紀の資本』の中で、歴史的なデータに基づき、富の格差が生まれる仕組みを解明しました。

「一方はどんどん豊かになり、一方はどんどん貧乏になるのは、なぜなのか？」を解明したのです。


同書の中で、貧富の格差ができる原因を次の公式で表しました。

r（資本収益率）＞g（経済成長率）

これは、常に経済成長率（g）よりも資本収益率（r）が高くなる。

資本を持つ者にはますます資本が蓄積していくことを示しています。

簡単にいうと、資本とはこの場合、不動産や株などの資産を指していて、このような投資で得られる利益による成長率が、労働によって得られる賃金の上昇率を常に上回るということです。

給料が上がっていっても、働けど働けど楽にならず——。

かたや資本で収益を上げている者は、いっそう豊かになっていく現象が起きるのです。また資本で収益を上げる者は、その増えた資本をドンドン再投資して、富を雪だるま式に膨らませて、それを相続していくことでさらにその格差が拡大してしまうのです。

ということで、がんばって働くだけでは豊かになれないことを証明しました。

結局、資本を投資運用する者が豊かになっていくのです。

実家の「空き家」超有効活用術

読者の方に無料特別プレゼント

未公開原稿「資産を生かし、お金持ちになる思考法」

（PDF ファイル）

著者・三木章裕さんより

紙幅の都合上、掲載できなかった、著者・三木章裕さん書き下ろしの未公開原稿「資産を生かし、お金持ちになる思考法」を無料プレゼントします。本書の読者限定の無料プレゼントです。ぜひダウンロードして、本書とともにご活用ください。

特別プレゼントはこちらから無料ダウンロードできます↓

https://frstp.jp/jikka

※特別プレゼントは Web 上で公開するものであり、小冊子・DVD などをお送りするものではありません。

※上記無料プレゼントのご提供は予告なく終了となる場合がございます。あらかじめご了承ください。

もし1000万円あったら、買うのはどっち？

皆さんも、この法則を手本としてまとまった資金を得たら、豊かになるチャンスです！

その資金を投資して、さらに収益を上げることを考えてください。

例えば、まとまったお金で、1000万円のベンツを買うのと、古家再生不動産投資物件500万円を2棟買って、月々家賃10万円もらえるようになるのでは、どちらを選択しますか？

ベンツを買うと友人に自慢でき、女性にもモテまくるかもしれません。あなたの見栄のためには最高のステータス・ツールになるでしょう。

でも、買ったとたんからベンツは中古になり、価値を落としていきます。

小さな不動産投資ですが、そのとき古家再生不動産投資で月々10万円の家賃収入をもらえるようになる投資ができるとすると、あなたはまとまった売却資金をどのように采配しますか？

将来豊かになるのはどちらでしょうか？

お金は、消費に使わず、できるだけ投資に回すことが大切です。

空き家を高く買ってくれる人ランキング、TOP4

空き家を売却するときに、買ってくれる人の用途によって値付け額が違ってきます。

この章の最後に、空き家を高く買ってくれる人の特徴を、ランキング形式で上位4人をご紹介します。

◎第1位　自宅として買おうとする人

このような人は採算度外視なので、いい値をつけてくれます。

この場合、業者が見つけてくれたら仲介手数料がかかりますが、前述のように、近隣などに自分で声をかけておいて自分で買主を見つければ、仲介手数料はかかりません。その分手元のお金が残ります。

◎第2位　物件を商売などに使おうとする人

例えば、お蕎麦屋さんやパン屋さんなど、使う用途によって売上や収益が違いますが、利用できるとなれば、いい値段をつけてくれます。

◎第3位　不動産投資家が、賃貸店舗や賃貸住宅などに利用する場合

この場合は、特に賃貸の場合は一度家賃が決まれば、それ以上収益は上がりませんので、商売で使うよりは安くなります。

例えば、私が顧問をしている「全国古家再生推進協議会」では、全国で7000人を超える投資家を抱えていますので、古家再生物件としてお眼鏡に適えば買い取ってくれます。

直接、投資家とつながりますので、不動産業者を通しません。よって、その分だけでも高く買ってもらえます。もちろん、業者に仲介を依頼した場合は、仲介手数料がかかります。

◎第4位　不動産買取業者

転売目的なので、市場価格より買取価格は安くなります。すぐに売却できてお金になるのはいいですが、売却価格は安くなります。

でも、まったく売れずに塩漬けになって維持費などのコストを負担し続けるのが大変な方には、この方法も選択肢の1つになると思います。

3 最低限知っておきたい！「売却」に関する不動産用語

一般的に使われている用語と税金などで使われている用語では、わかりにくいものもありますので、簡単な説明をします。

いちいち覚える必要はありませんが、ここで紹介する用語は、不動産の売買ではよく使われる言葉なので、不動産売買に関するときは何度も見直してください。

◎一般的な売値は、「譲渡価格」といいます。
◎買ったときの値段などは、「取得費」といいます。
◎売るときに使った経費は、「譲渡費用」といいます。
◎税金を減額する制度は、「特別控除」といいます。
◎これらの計算後に残る金額は、「課税譲渡所得」といいます。
◎「課税譲渡所得」金額に定められた税率をかけたものが「譲渡所得税」です。

以下がそれぞれの不動産用語と税金計算の関係をまとめた図です。

課税譲渡所得金額の計算式

取得費
売却した土地や建物の購入価額（建物は減価償却後）／購入の際の仲介手数料／購入の際に支払った立ち退き料・移転料／売買契約書に貼付した印紙税／登録免許税や登録手数料／不動産取得税／搬入費や据付費／建物等の取り壊し費用などがある。購入時の契約書、領収書によって確認する。実際の取得費が不明の場合は、譲渡価額の5%となる。

課税譲渡所得金額 ＝ 譲渡価額 － 取得費 － 譲渡費用 － 特別控除

譲渡費用
土地や建物を売却するために要した費用で、売却の際の仲介手数料／売却に伴う広告費や測量費／売買契約書に貼付した印紙税／売却に伴い支払う立ち退き料／建物等の取り壊し費用などがある。

特別控除
これは、国の政策的な配慮によって設けられているもので、居住用財産を売った場合の3000万円の特別控除、特定住宅地造成事業等のために土地等を売った場合の1500万円の特別控除などがある。

4 税金の「5年」は、365日×5年ではない

一般的に「5年を過ぎたね」というときは、「365日×5年＋1日」で考えるのがほとんどですが、「税金での5年」は考え方が違います。

不動産の場合、所有が5年を超える場合と未満では、税率が変わります。そこで、税率を低くするためには、5年を超える時点で売却する必要があります。

ところが、税務署でいう「5年の所有」の考え方が一般的な考え方と異なります。

不動産の売却の場合、

「売却した年の1月1日時点で、所有期間が5年を超えているかどうか」

で判定されます。

例えば、令和5年5月1日に購入した物件は、一般的には5年の所有といえば、令和10年5月ですが、税務署の考え方では「令和10年1月1日で所有が5年を超えているかどうか」で判定しますので、当然、令和10年1月1日では5年を超えていません。そのため、令和6年1月1日以降でなければ、5年超える保有物件と見なされません。

税金の計算では、「所有期間が5年を超えているもの」という文言がよく使われますが、「その年の1月1日で保有5年を超えているかどうか」と考えなければなりません。

一般常識と違う捉え方なので注意が必要です。

税金の「5年」の考え方

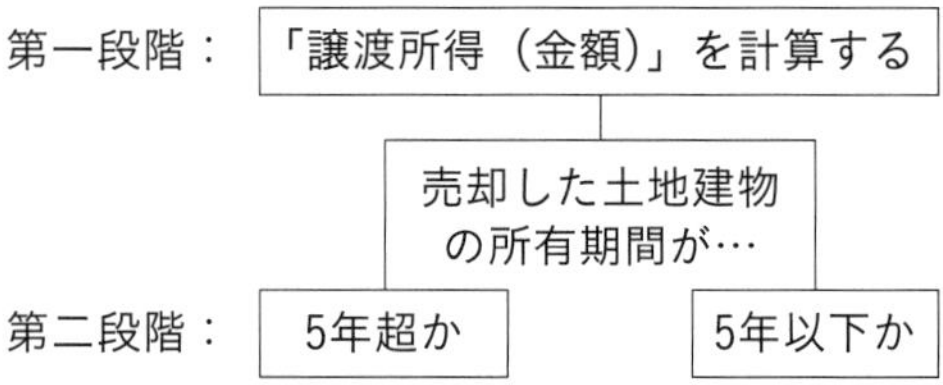

所有期間の区分に応じた税額計算の方法によって
税額を計算する。

第3章

辺鄙な場所でもアイデア次第「使う」

起業・副業のリスクヘッジとして実家の不動産を活用するという発想

最近は、副業や起業がブームを通り越し、当たり前の時代になっています。

「人生100年時代」といわれる今、定年が60歳なら、それから約40年、どのように生き、生活していくのかを考えなければなりません。

それなのに、国は財政破綻寸前。どこまで定年後の生活を支援してもらえるかがわからない時代、ついに、老後は今の年金制度のもとでは、老後資金が2000万円不足してしまうなんて発表がされ、不安が広がるばかりです。

国だけではありません。大企業といえども、退職者の生涯を支えられるほどの退職金は払えない時代です。結局、自らがなんとかするしかないのです。

「なんとかする」ということは、定年後もなんらかの収入を得ることができるようにするしかないわけです。

そこで近年、正社員や公務員であっても副業を認めたり、独立起業して、国にも会社にも頼らない、新たなビジネスを始める人が増えているわけです。

でも、突然、起業なんて言っても、先立つ資金が必要です。

日本政策金融公庫の創業資金融資に頼るのもいいですが、そんなとき、足元を見れば、現在使われていない、親の家や不動産があれば、それを活用できないかと考えてみるのも1つです。

イチから資金を出して起業することを考えれば、かなり身軽にリスクヘッジして起業できるかもしれません。

あなたの起業と親からの不動産を結びつけたビジネスが見つかれば、とてもいいマッチングになります。

辺鄙なところ、田舎でも成り立つビジネスはたくさんある

「起業のチャンスは都会しかない」と思っている人も多いかもしれませんが、長年、古家・空き家不動産に携わっている私からすれば、逆に、都会の人が地方で起業する

内閣府　地方創生サイト

ほうが、チャンスが多いと感じています。

地方自治体が、地方に移住して起業する人をいろいろ支援する制度を作っています。

内閣府の地方創生サイト（https://www.chisou.go.jp/sousei/index.html）では、地方における企業、U・I・Jターンによる起業・就業者を創出するための支援金の情報やマッチングサイトが用意されています。

「人生100年」と考えた場合、今までの働き方や仕事を見直さないと乗り越えられません。そんなときのきっかけに、親の残してくれた不動産が大きなターニングポイントになるかもしれません。

せっかく残してくれた親の財産を使い、あなたの人生を輝かせることになれば、残した側もとても喜んでくれると思います。

私の友人のK君も、田舎の実家に帰って、その地域で新たに品種改良された農作物を栽培して、都会の飲食店に出荷して結構成功しています。

「これなら、老後も体が動く限り働き続けられ、また規模を拡大すれば、人を雇って会社にすることもできる。

サラリーマンとして雇われて、人に指示されながら生きていた頃が信じられない」と言っています。

でも、そんなK君も、実は田舎に帰るときはかなり悩んでいて、何度も私が元気づけたことも、今では笑い話になっています。

案ずるより産むが易し、です。

この章では、辺鄙なところでもメディアに取り上げられたりする人気の飲食店などの事例も紹介します。料理に自信があるなら、飲食店経営を自ら考えることもできます。

また、農業もまだまだ可能性があります。

「奇跡のリンゴ」で有名な木村秋則さんが提唱する自然栽培は、農薬も肥料も使わず栽培して、とても高く売れます。従来の農家が農薬や肥料代の負担で苦しんで儲からないビジネスになっていたのが、大きく変わろうとしています。

相続した空き家が独立開業の夢を叶える舞台装置になる

従来は、商業利用できないと思われた場所でも、こだわりのお店を出して大成功している方もたくさんいます。

こんな田舎で使いものにならないと思っていた物件でも、見直してみると意外な活用方法が見つかるかもしれません。

状況によっては、空き家が住宅より店舗などの事業用の用途に使われる場合もあります。

もしあなたの物件が、道路沿いや車で行きやすいところにあれば、住宅に限らず、店舗利用などの可能性があります。

最近は、辺鄙な一軒家で飲食店を開く人やお客様の数を限定した店舗など、売り上げや客数に依存しない店舗もたくさんあります。

例えば、和歌山県の山頂にポツンとあるパン屋さん**「ベーカリーテラス ドーシェル」**(https://www.dooshel.com)さんは、阪神淡路大震災をきっかけに移住して、地元の地産地消にこだわり、大人気になっています。

また、自宅の横に小さなこだわりのクッキーをつくって販売している**「贈り物菓子食堂 Mouette」**(https://mouette.ocnk.net)さんは、観光雑誌にも取り上げられる有名店になりました。

また、京都には、1日100食のランチしか提供しない**「佰食屋」**(https://www.100shokuya.com)さんという飲食店があり、いつも長蛇の列で大人気です。

売り上げや客数にこだわらず、働くメンバーが仕事もプライベートも大切にして、おいしい料理と良いサービスを届けることをコンセプトにされています。

いずれも、従来の店舗立地としては決していい場所ではなかったのですが、とても成功しています。

また、京都の町屋も、どんどん店舗や事務所に改装され、地域の活性化に役立っています。

ニーズが高まる自宅兼事務所としての活用法

これからの社会情勢を考えると、自宅をビジネスにも利用しようとする方もたくさん増えるのではないかと考えています。

というのも、これからは、サラリーマンの副業がどんどん解禁されて、自宅を事務所や店舗、倉庫として利用して、本業以外の副業開業が増えていくと思われます。

そうなると、今まで住宅用途としてしか考えていなかった場所や住宅でも、自宅(居住)兼副業事業所として、多様な活用利用法が出てくるでしょう。

インターネット通販をするにも、商品の在庫の保管や発送作業など、ちょっとした倉庫兼作業場が必要になります。

また、自宅の軒先でテイクアウトの食品販売等を考える人もいるかもしれません。

これからは、住まいと仕事が兼用で使える住宅のニーズも高まってきます。住宅といえども、多種多様な活用方法が生まれてくるでしょう。

「こんな物件だから……」とあきらめずに、いろいろなアンテナを立てておきたいものです。

なぜ空き家・空スペースの利用の可能性が広がっているのか？

住宅としてではなく、空間として使ってもらう方法もあります。

◎空き家を集会場として貸す

最近の住宅には、応接間がありません。

親しい友人ならリビングでお迎えしてもいいですが、なかなか来客用のスペースを自宅に確保することが難しくなっています。

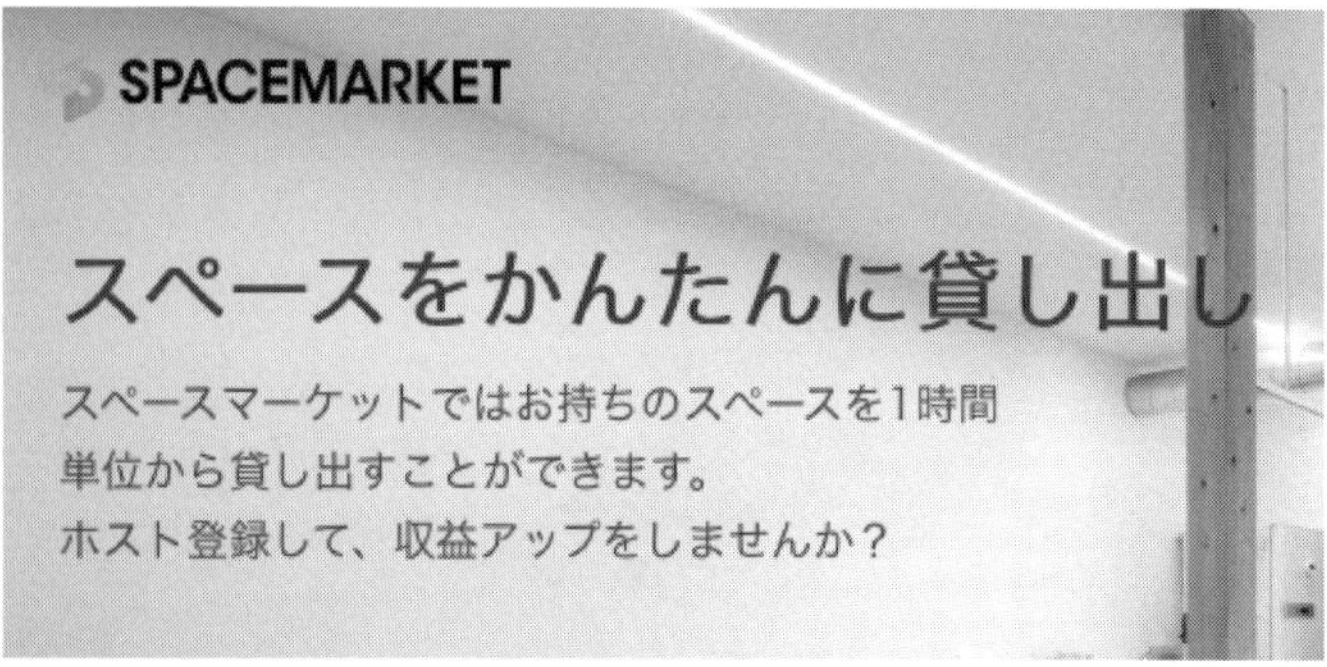
SPACEMARKET
スペースをかんたんに貸し出し
スペースマーケットではお持ちのスペースを1時間
単位から貸し出すことができます。
ホスト登録して、収益アップをしませんか？
「スペースマーケット」

そこで、空き家を近隣の応接間として、集会場や会議室、カルチャーセンターやパーティースペースとして貸すこともできます。

このようなスペースを掲載して、借りてくれる人を探すサイトとして、**「スペースマーケット」**(https://www.spacemarket.com)というサイトがあります。

このようなサイトに登録掲載すると、利用者が見つかる場合もあります。

最近の需要としては、家財を置いておくトランクルームや子供さんを預かる託児所や学習塾に使われたりするニーズもあります。

◎駐車場として貸す

近隣で駐車場が不足している場合は、現状の空

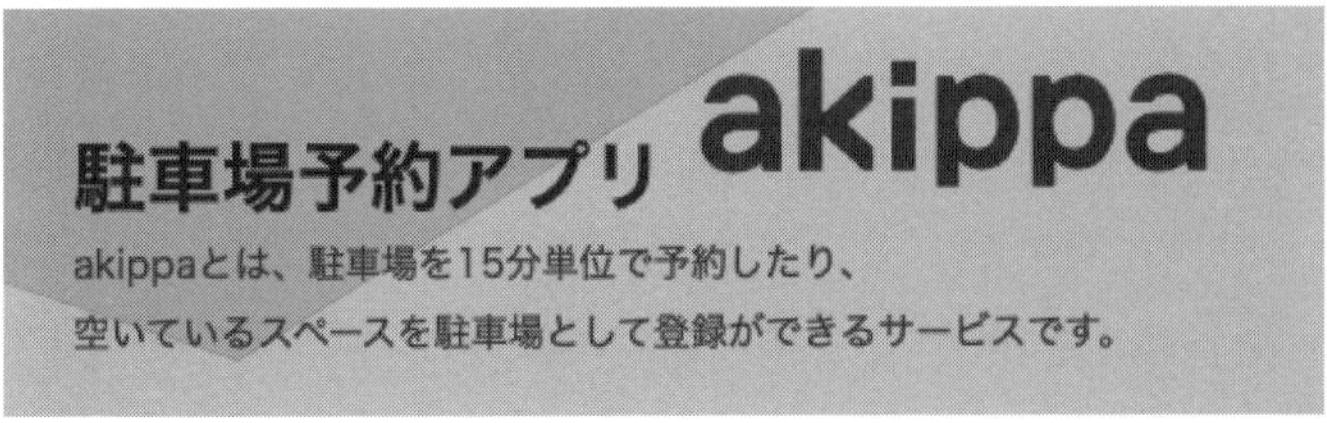
駐車場予約アプリ akippa
akippaとは、駐車場を15分単位で予約したり、
空いているスペースを駐車場として登録ができるサービスです。

「akippa（あきっぱ）」

きスペースだけでも駐車場として貸すことができる**「akippa（あきっぱ）」**（https://www.akippa.com/guide/start）というサイトに登録することもできます。

また、建物を壊して本格的にコインパーキングをする場合、従来はコインパーキングにするには、全部アスファルト舗装して、駐車スペースにはフラップなどの取り付けが必要で、結構費用がかかりましたが、最新のカメラを使って、コインパーキングにする方法があります。

この方法だと、アスファルト舗装もせずに、ロープで仕切っただけでも、コインパーキングができます。興味のある方は、**株式会社アイテック**（https://www.i-tech-corp.co.jp）のサイトを参照してみてください。

◎飲食店に賃貸

辺鄙な場所でも、おいしいものが食べられる店なら人が集

コインパーキング

まり、ビジネスになります。

参考に食べログの事例として、関連サイトも紹介しておきます。

「関西 プチ秘境を廻る旅16選」

(https://tabelog.com/matome/8040/)

大阪のローカル番組の「ポツンとうまい店」なども人気番組企画です。

◎太陽光発電用地

「建物はもう使えないけれど、南向きのいい土地」

というなら、太陽光発電はいかがでしょう。

買取価格も少し下がってきて、人

気下降気味ですが、まだまだ積極的に太陽光発電用地を探している業者もいます。

自らやってもいいですが、そのような業者に空き地として賃貸することもできます。

◎貸し農場

最近、にわかにブームになっているのが、貸し農場です。

都会からのアクセスがある程度見込めるなら、今の農場をそのまま貸すこともできます。

地元の農協などに依頼すると、借主を見つけてくれたりします。例えば、**ＪＡ大阪北部の貸し農場紹介サイト**（https://www.ja-osakahokubu.or.jp/information/貸し農園案内/）などがあります。


以上のように、多様化した現代では、空いているスペースをいろいろな形で利用してもらえるようになっています。

今まであきらめていたような空き家でも、少し視点を変えると、思わぬ利用法と収入を生む可能性を秘めています。

更地にすると、固定資産税が跳ね上がる

古い家屋を取り壊すと、土地の固定資産税が跳ね上がりますが、住宅用地で建物がある場合、固定資産税の軽減措置があります。

固定資産税は、土地や家を持っているとかかってくる税金で、持っている間、毎年課税されます。

毎年1月1日時点で、土地、家屋の所有者として、各市区町村の固定資産課税台帳に登録されている人に課税されます。

この固定資産税は、住宅用地の軽減措置があり、主に人の居住用に利用されている家の土地の場合、用地の面積が200㎡までの部分は、固定資産評価額を6分の1に軽減、200㎡を超える部分は、3分の1に軽減されます（もう少し細かい適用要件もありますが、ここでは省略します。正確な軽減額等は、各市区町村にお問い合わせください）。

例を挙げて説明します。なお、あくまで概算です。どれくらい税金が変わるかの目安です。

【条件】

150㎡の土地に70㎡の床面積の住宅が立っていて、税率1・4%とします。

㎡当たり10万円の固定資産評価とする場合の、土地と建物があるときと建物を取り壊して土地だけの場合の比較をします。

【年間の土地（住宅がある）の固定資産税】

150㎡×10万円×1／6（軽減）×1・4%＝3万5000円

【土地だけになった場合】

150㎡×10万円×1・4%＝21万円

住宅用地軽減がなくなると、一気に所有者の負担が増えます。

今は空き家の税金として年間3万5000円支払えば済んでいたものが、建物を取り壊した場合、21万円に跳ね上がったら、あなたの生活費を脅かすほどの負担額になります。

近所から「ゴミ屋敷だ」「家が壊れそうだ」などとやかく言われないようにと思って、何も考えずに建物を壊してしまうと、とんでもない税金がかかってくる場合もあるのです。

更地ではなく、空き家を放置しても、重い税金負担がのしかかる……

従来の節税方法としては、売却などが決まってから建物を取り壊すことにして、「何もしないうちは、そのままにしておく」のが定番でした。

そのため、今にも崩れそうな家でさえも残したまま放置しているほうが節税になるので、一向に改善しない空き家が多くなり、空き家問題をいっそう深刻化させました。

このような事態に国も業を煮やし、2014（平成26）年11月、ついに、**建物が建**

っていても、行政が「特定空き家」として指定すると、住宅用地の軽減措置を受けられない、という法律が決まりました。

「空家等対策特別措置法」（2014年11月19日に可決）

行政が倒壊の恐れや景観を著しく損なう「特定空き家」とみなした場合、建物が建っていたとしても固定資産税の軽減措置が適応されなくなります。

今後、節税目的の放置された空き家は「特定空き家」に指定され、所有者に税金の重い負担が課せられることになります。

建物を壊すと固定資産税が跳ね上がり、空き家として持っていても重い税負担を求められる可能性があります。

これからは、国は空き家として放置することを許さないでしょう。あらためて、本書を読んで、有効活用していただくことをおすすめします。

雇われる生活から自分のビジネスを持つ時代に、空き家を有効活用

全国の空き家の増加数を見ていると、まもなく1000万戸を超えてくるでしょう。そうなると、全国の10人に1人が空き家とかかわることになります。

そのとき、空き家をただの邪魔な資産と考えずに、うまく活用することを考えたほうが、自らの資産にもなり、社会貢献にもなります。

本来、住宅は日本にとって重要な社会資本であり、それを活かさないことは社会損失であり、国にとっても大きな痛手です。

せっかくの社会資本を有効に活かすためにどうするかを、今こそ真剣に考えるときだと思います。

現代は、インターネットで世界中がつながっていて、それが都会であろうが、辺鄙な山奥であろうが関係なく情報をやりとりできます。

ビジネスに立地は関係なくなったのです。

山奥からでも、あなたは全世界とビジネスをすることができます。都会で大きな会社の社員としてしがみつくより、あなたのスキルを活かして、全世界とビジネスしたほうが、結果が出るでしょう。

また、田舎であろうと、都会の人たちに情報発信して、集客することもできます。

さらに資金だって、今はクラウドファンディングで集めることもできます。

別にサラリーマンでなくても、ビジネスネタや腕があれば、自分で仕事をするほうが断然、儲かるし、気楽にできます。

これからは、大企業に勤めるのではなく、自分でビジネスを立ち上げて起業する人たちが増えていくでしょう。

これだけ変化の早い時代です。動きの遅い大企業は、ついていけなくなるでしょう。

また、市場のニーズも多様化細分化してきていますので、そのような市場に対応して成功できるのは、機動力のあるスモールビジネスです。

地球上では恐竜が滅び、ネズミが生き残ったように、現代のようなビジネス環境の変化が激しい時代は、小さいことが有利です。

あなたは、**社会資本としての空き家をせっかく持っているの**ですから、うまく活用して、大きな資金をかけずに身軽にスタートできれば、自分のビジネスのリスクをかなり低減できるはずです。

これまで本書で書いてきた内容が、きっとあなたのビジネスのヒントになるはずです。ぜひあなたが起業するときのアイデアとしてご利用ください。

第4章

「自ら住み暮らす」決断をしたら……

「自ら住む」は、賢い相続と家族の満足
――小規模宅地等の特例を活用

賢い相続が大切です。

亡くなった親の宅地を小規模宅地等の特例を利用して、土地の相続評価額を80％減額されて相続することができる場合があります。

まず親と一緒に住んでいた場合、また今は一緒に住んでいないが、自分の持ち家がなく、親が亡くなったときに相続した場合、小規模宅地の特例で、破格の相続評価で実家を手に入れることができます。

なお、このような相続発生時に一緒に住んでいなくても、居住用の小規模宅地の特例（家なき子特例）を受けられる場合がありますが、要件は細かく規定されていますのでご注意ください。

これらは、誰でもすべての場合に適用できるかどうかはわかりません。

例えば、親の家の相続評価の概算を知るなら、一般には相続税の土地の評価は**相続**

税路線価（http://www.rosenka.nta.go.jp）でチェックできます。国税庁のサイトでも見られます。

正確な評価を出す場合は、土地の形状や利用法などにより、路線価を評価減することができます。例えば、

◎いびつな土地の評価減。
◎大きな面積の宅地の評価減。
◎借地の評価減。
◎賃貸住宅が建っているような土地の評価減。
◎道路扱いになっている土地の評価減。

等々、実際にはいろいろな評価減を適用できます。

最終的には、税理士さんや税務署に個別相談されることをおすすめします。

相続税の申告の概略を知るには、国税局のホームページにある **「相続税の申告のしかた」** を見てみるといいでしょう。

住む家から楽しめる家にカスタマイズリノベーション

です。

「自ら住む」ということは、なるべく相続税評価が低くなるに越したことはないはず

不動産を売却するわけでもなく、手元に潤沢なお金があるわけでもない。そんなな

か、相続税の負担が大きければ、結局、住むどころか手放して、相続税を払う羽目に

なります。

お金を使うなら、自分たちが住むためのリノベーションや設備など、自分たちの住

生活が充実することに使いたいですよね。

一般的な分譲住宅では、万人受けするように当たり障りなく造られることが多いで

すが、実家で躯体《くたい》はあるので、思い切って自分たちのライフスタイルに合わせて内装

を改装することもできます。

それぞれの家族構成、趣味や仕事に合わせた好みの改装ができます。

これが分譲のマンションならば、改装にはかなり制限があり、思うように改装できないことも多くあります。

でも、一戸建てであれば、自分の家なのですから、思う存分改装できます。

自分がゆっくりできる、誰にも邪魔されない書斎やプライベートルーム、車やバイクをメンテナンスできる工作ＤＩＹガレージルームも造れます。

例えば、経済評論家の森永卓郎さんは趣味のミニカーの部屋を持っています。ペットだって思う存分飼えます。外から勝手に出入りできるペットドアもつけられます。家族で楽しむシアタールームや、奥様が園芸を楽しむサンルームだって造れます。

とにかく、住む家から楽しめる家にできるわけです。

また、昔の大家族用の家で大きすぎる場合は、無理にそのまま使わず、「減築」というリノベーションの方法があります。

例えば2階建ての家の2階を減築すれば耐震性がアップしたり、部屋数を減らすと、昔ながらの家は断熱に弱いので冷暖房の効きが良くなり、光熱費の節約にもつながります。掃除やメンテナンスも楽になります。

減築部分をちゃんと登記申請しておけば、固定資産税も減額できます。

家族で住むときは、思い切って家族のライフスタイルに合わせたカスタマイズリノベーションすることをおすすめします。

古い住宅なら、補助金を使って耐震補強工事

古い住宅を利用する場合、特に昭和56（1981）年6月以前の建物の場合は、耐震構造として弱い部分もありますので、耐震補強工事をするのもいいと思います。

国の施策により、耐震補強工事には補助金が助成されます。

なお、対象となる建物や金額などはそれぞれの自治体によって異なり、利用するには事前に自治体の窓口に相談する必要があります。

まずは、耐震診断を受けます。耐震診断費用も補助されますので、各行政の建築課等に問い合わせてみてください。

自ら住むことを決めても、いずれ売却することもあるかもしれません。

そのとき、建物が耐震補強されていなければ、相当なリフォーム費用をかけていても、価値を見てもらえない場合があります。

建物の価値も評価して売却したいなら、耐震工事をしておきたいものです。

耐震工事を受けている証明書（耐震基準適合証明書）があれば、住宅ローン控除を受けることもできるようになり、売却しやすくなります。

お金をなるべくかけない耐震工事もありますが、この場合、耐震基準適合証明書は出ません。そこまで必要がない方なら255ページで紹介していますので、参考にしてみてください。

【事例】お父さんの想いを叶えられず、自ら住めなかった話――木下さん（仮名）

私の父親の友人で、当時85歳の木下さんは、自分が亡くなれば、子供さんの誰かにこの家で住んでもらいたいと思い、こまめにリフォームしていました。

木下さんは、私の父にも、事あるごとに「子供の誰かに住んでもらえたら」と言っていました。

建物本体は築60年を超えるにもかかわらず、数年前にも、大手の不動産会社の新築のように改装するリノベーション工事で耐震補強工事もして、とてもおしゃれで、若い家族でも住めるように改装していました。

金額的にはほとんど小さな家がもう一軒建つぐらいの工事費用がかかったそうです。自分の唯一の財産を、子供たちのために丹精込めて直していました。

そのため、長男さんも、最終的にはこのお父さんの家に住むつもりでいました。

ところが、弟さんと妹さんから、お兄さんがその家を相続するなら、他のきょうだいには現金で、相続相当分を払ってほしいという話になったのです。

しかし、亡くなったお父さんは、家の改装にほとんどの現金を使ってしまっていたので、現金で相続したものはほとんどなく、長男さんがある程度まとまったお金を用意して、弟さんや妹さんに払わなければならない状況になりました。

長男さんも普通のサラリーマンで、そんなまとまったお金を払う余裕はありませんでした。

そのため、木下さんが子供たちのためにと思って丹精込めたご自宅は、結局売却の上、きょうだいで現金を分けることになりました。

せっかくのお父さんの想いは、お子さんたちに届くことはなかったのです。

相続人が複数いる場合は、それぞれの思惑もありますので、「誰かが住む」というのが難しいケースが多いものです、多くのケースが売却してお金を分けるパターンになります。

もし「自分が住みたい」と思う場合は、必ず他の相続人の方と話がつく前提でなければ、住みたいと思っても住めない場合が出てきます。

生涯で一番コストがかかっているのが「住宅」

家計の支出の中で大きなウエイトを占めているのが「住居費」です。

住居費は、主に住宅ローンや家賃の支払いです。

総務省の「家計調査報告」によると、一般的な勤労世帯では住宅費の支出割合が20％前後だそうです。

都会に住んでいる方はもう少し高いでしょう。

年収500万円の方で年間100万円ほどの負担をしている計算になります。年間100万円を他の家計の支出に回せたら、かなり生活が充実するはずです。

相続した空き家を改装して、家族で20年住んだら、住宅費にかける代わりに2000万円が生活費に使えるわけです。

子供さんの教育や就学費用に振り向け、将来への投資もできるでしょう。

また、あなたやあなたの家族の趣味や遊びにも使えて、楽しく生きることができます。

このように、あなたの生活で住宅費を節約できれば、生活水準やライフスタイルが大きく変わります。

老後資金調達にもつながる

「老後2000万円不足問題」も相続した家に住めば一挙に解決です。

賃貸のように他人の資産ではなく、自分の所有の不動産ですから、ちゃんと手入れをしていれば、売却して、またまとまった資金を得ることもできます。

最近、よく耳にするようになった**「リバースモーゲージ」**という、自宅を生活資金化する方法があります。

「リバースモーゲージ」とは、自宅を担保にして、そこに住み続けながら金融機関から融資を受けて生活資金に充て、死亡後は自宅を売却して、その代金で融資の返済に充てるというものです。従来は、行政が「長期生活支援資金」として貸付などをしていたものを、民間の金融機関も取り扱うようになりました。

長寿化社会、人生100年時代といわれるようになり、ますます定年後の生活資金難が取りざたされるようになりました

拙著『空き家を買って、不動産投資で儲ける！』の中でも取り上げましたが、老後の資金が続かず、結局、終の住処と思っていた家を手放すことになったお年寄りの話があります。

家を売却後、最後に言ったその方の言葉が今も耳から離れません。

「長生きしても、何もいいことがなかった！」

こんな言葉をあなたには言ってほしくありません。

長く生きることがリスクなんて考えはありえません。

長く生きること、すなわち長く資産形成にかかわることができるのですから、あなたは、長生きした分、ますます資産が増えて、それを子々孫々に引き継ぐように生きてほしいのです。

それが、あなたとあなたの一族が豊かに脈々と生きる法則です。

世の節約術で一番効果が高いと言われるのが住宅費の節約。節約したお金を貯蓄に向けることも、生活の充実に使うことも、子々孫々まで豊かに暮らすための礎を作るのも、あなた次第なのです。

第5章

空き家に働いてもらう「賃貸」

用途を考える

ひと言で賃貸するといっても、さまざまな用途があります。

一般の不動産と考えると、住宅、店舗、倉庫、事務所、工場、農業、再生可能エネルギー関連など、多種多様な用途が考えられます。

自分の空き家・古家は、どんな用途に向いているのだろうか?

そこを考えるところから始まります。

「空き家・古家を活かす」という範疇《はんちゅう》で考えれば、**まず最初は元々使われていた用途での活用を考えるべき**でしょう。

奇抜な利用法を考えても、イチからマーケット調査しなければ、使いものにならない物件を作ってしまうだけです。

住宅系でいえば、のちほど詳しく解説する、「賃貸住宅」か「宿泊施設」でしょう。

店舗が通用するのは、「ある程度アクセスがいい場所」という限定で、飲食店や食品販売、雑貨販売店、地元の会館や記念館などの賃貸不動産として可能性があるかもしれません。

少なくとも、住宅賃貸需要がないようなところでは、商業利用である店舗系は難しいと思われます。

「賃貸住宅」「宿泊施設」として貸す

まずは、「賃貸住宅」としての需要があるかの検討が最初のステップです。

例外的に、商業的住宅利用としては、最近話題の「民泊」があります。

コロナ禍が落ち着いた今、将来性は高いのです。

大阪では2025年に大阪・関西万博が開かれる予定、またIR（統合型リゾート開発）も、各地で名乗りをあげています。また、北海道でも着々とリゾート開発が進んでいます。今後の日本の方向性としても、観光が一大ビジネスマーケットであることは、コロナ前の来日した海外観光客の様子を見ればわかります。

経済界の予想では、民泊やホテルなどインバウンド需要に支えられてきたビジネスモデルの需要の完全回復は、2025年の大阪万博開催の頃までかかると予想されていますが、私はもう少し早く回復していくように思うので、準備を怠らずご検討ください。

具体的にどんな賃貸方法があるか、それぞれ見ていきましょう。

◎民泊利用

現在は、海外からの訪日外国人旅行者も増え、観光庁の発表では2018年で3119万人となり、政府は2030年には6000万人にする拡大目標を掲げています。

そのため、全国では民家を利用した民泊が増加しています。政府も、東京都や大阪府および大阪市などを特区として推進、後押しをしています。

今後も訪日外国人対象の民泊需要は拡大することが予想されるので、特区エリアや観光地の駅近などは、住宅の賃貸より民泊に活用されることが増えていくことは確実です。

一度、自分の物件の周辺に民泊がないか検索してみると、動向がよくわかります。もし周辺にも民泊が行なわれており、需要が多い場合は、民泊の代行業者などに物件

を見てもらうのもいいでしょう。

もし民泊利用できれば、一般の賃貸住宅の家賃収入よりは高い収入が得られるはずです。

◎パーティールーム

コロナ禍で、観光の外国人がいない中でも需要が拡大したのが、「賃貸時間貸しパーティールーム」です。

親しい友人や家族で、誕生日会や女子会、動画撮影、また部屋によっては大型スクリーンで映画を観るなど、密を避けながら少人数で集まる会合で多く利用されました。

利用者のほとんどは地元の日本人の

方々なので、コロナの影響を受けにくかったようで、これからは、自宅に招くのではなく、キッチンやスクリーンがあるところを借りて集まるようなスタイルも増えていくと思います。このような需要に応えるサイト「スペースマーケット」(https://www.spacemarket.com/)も現れて、ますます可能性を広げています。

◎テレワーク・ワーケーション住宅

コロナ禍の自宅待機、出社自粛によりテレワークなどが注目されて以来、会社も個人も、都会でのオフィス・居住から地方の住宅などに移転する需要が増えてきています。

より積極的な働き方の中には、仕事場をリゾート地に移して、バケーション(娯楽)とワーク(仕事)を同時に楽しむ働き方「ワーケーション」の生活スタイルも現れました。この流れは、今後もっと加速すると思われます。

空き家という住宅をいくら供給できても、それに対する需要がなければ、絵に描いた餅でしかありません。

このようなマッチングをうまくすれば、誰も借りてくれなかった親の家に借主がすぐに見つかるなどして、皆さんの手元に賃貸収入としてなんらかのお金が残るようになります。

1分で調べる！賃貸需要と家賃相場の調べ方

私が空き家問題でよく質問されるのは、「人口も減って世帯数も減っているこのような時代に、賃貸住宅に入居者が見つかりますか？」というものです。

そこで、簡単な「賃貸需要判断」と「家賃相場の判断方法」をお教えしています。

皆さんも一緒にやってみましょう。

《賃貸需要の調べ方》

まず、賃貸住宅としての需要があるのか、賃貸住宅に住みたい人が見つかるエリアかを調べます。今回も物件登録数日本一のスーモさんのサイトを使います。

2つの例を比べてみましょう。

奈良県大和高田市（人口62000人）

石川県珠洲市（人口13000人）

① **SUUMO（スーモ）を開く。**

https://suumo.jp

② **「賃貸」のボタンを押して、「関西」を選ぶ。**

③ **「エリアから探す」で「奈良県」エリアを選ぶ。**

④ **「市区郡チェック」で「大和高田市」を選ぶ。**

⑤ **「条件」の追加ボタンを押す。**

⑥ **「建物種別」の「一戸建て・その他」をチェック。**

⑦ **「検索」を押す。**

⑧ **検索結果が出る。**

検索結果は、大和高田市の場合、103件ヒットしました。

「賃貸需要」の調べ方

奈良県大和高田市（人口6万2000人）、石川県珠洲市（人口1万3000人）の2件をリサーチして比較した場合。

①SUUMO（スーモ）を開く。

https://suumo.jp

②「賃貸」のボタンを押して、「関西」を選ぶ。

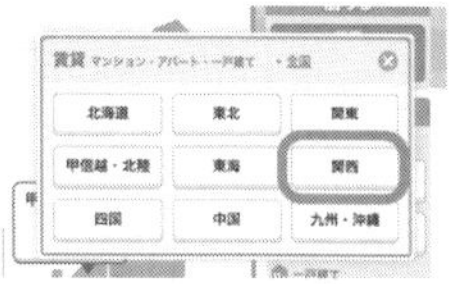

③「エリアから探す」で「奈良県」エリアを選ぶ。

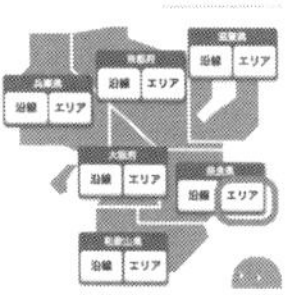

④「市区郡チェック」で「大和高田市」を選ぶ。

⑤「条件」の追加ボタンを押す。

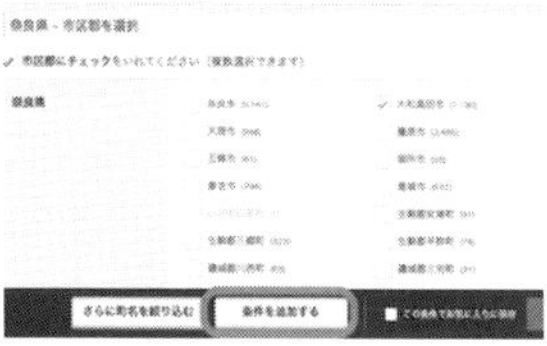

⑥「建物種別」の「一戸建て・その他」をチェック。

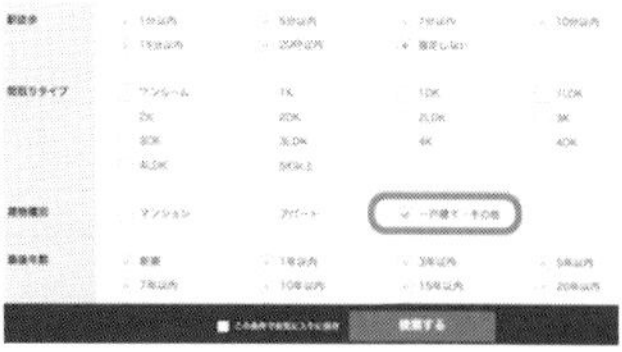

⑦「検索」を押す。

⑧検索結果が出る。

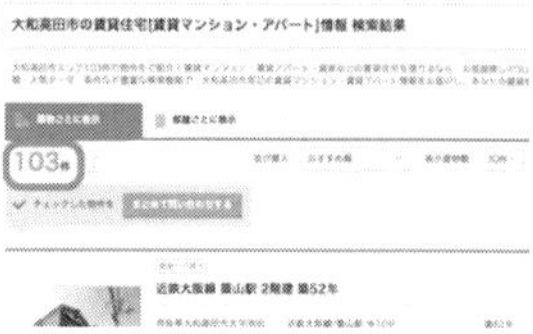

POINT

市の人口が1万人以上でも、検索結果が3桁に満たない場合は、その地域には賃貸需要がないと判断しよう。

一般的に**この検索で2桁以上ないところは、賃貸需要が少ない、賃貸すると入居者を見つけるのに苦労するエリア**になります。

この基準でいけば、今回の大和高田市は賃貸需要はあると判断できます。

ところが、同じ手順で石川県珠洲市を検索すると、検索件数0件、「条件に合う物件がありません」と出ます。

人口も1万人を超える市ですが、賃貸需要となるとほとんどないエリアとなります。

このように、エリアの賃貸需要を調べるだけなら、1分もかかりません。

《家賃相場の調べ方》

あなたの物件があるエリアの「賃貸需要」がわかったら、次に「家賃相場」を調べましょう。

ちなみに、石川県珠洲市は検索件数0件なので、事例等から家賃相場を知ることは難しくなります。

そのため今回は、先ほど賃貸需要を調べて103件ヒットした奈良県大和高田市での家賃相場を調べます。

賃貸需要と同じく、スーモのサイトで調べますので、異なる部分だけ詳しく説明します。

①　家賃相場では、建物の情報が必要です。今回の物件の建物情報は「4DK（52・72㎡）、戸建賃貸、庭付き」とします。

以下、②〜⑤は「賃貸需要」の調べ方と同じ流れで進めます。

②　「賃貸」のボタンを押して、「関西」を選ぶ。

③　「エリアから探す」で「奈良県」エリアを選ぶ。

④　「市区郡チェック」で「大和高田市」を選ぶ。

⑤　「条件」の追加ボタンを押す。

⑥　「アパート」「3DK」をチェック。※「家賃相場」を調べるにはここが違う。

⑦　「検索」を押す。

「家賃相場」の調べ方

①SUUMO（スーモ）を開き、建物の情報を入力。今回の物件の建物情報は「4DK（52・72㎡）、戸建賃貸、庭付き」とする。

※②～⑤は「賃貸需要」の調べ方と同じ流れ。

②「賃貸」のボタンを押して、「関西」を選ぶ。

③「エリアから探す」で「奈良県」エリアを選ぶ。

④「市区郡チェック」で「大和高田市」を選ぶ。

⑤「条件」の追加ボタンを押す。

⑥「アパート」「3DK」をチェック。

★「家賃相場」を調べるにはここが違う。

⑦「検索」を押す。

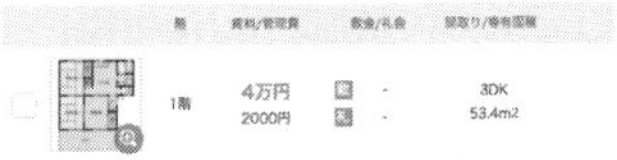

POINT

⑥の追加条件で「アパート」「3DK」としたのは、賃貸募集時に、「近隣のアパートの人に1部屋多くて家賃が同じ」、もしくは「戸建でちょっと高くなるだけ」という戦略的な家賃を想定しているため。

事例紹介　**奈良県大和高田市　平屋建て戸建**

販売当初価格　３００万円
購入価格　１７０万円
リフォーム価格　１９３万円
家賃　45,000円
利回り　１４％

（特徴）
現地同行調査依頼がありました。
家賃相場など調査を行い、現地で修繕費を算出。
家賃相場から逆算し買付け希望価格を割り出して
売主様に希望価格をお伝えしてご購入となりました。

戦略的家賃相場判定法

⑥の追加条件で「アパート」「3DK」としたのは、賃貸募集時に、近隣のアパートに住んでいる人より1部屋多くて家賃が同じ、もしくは戸建でちょっと高くなるだけという戦略的な家賃を想定しているためです。

例外的な激安な物件は、なんらかの問題がある場合がありますので、そのようなものを省きます。

安い順で、共益費込みで、4万2000~5万円と出てきました。

このような価格帯で家賃設定すると、近隣のアパートの入居者もつかめるので、入居者が見つかりやすくなります。ここで欲を出して高めに設定すると、入居者がさっぱり見つからなくなります。

ちなみに、前ページの写真は実際の事例で、戸建・広い庭付きで、4万5000円の家賃設定にしたので、申し込みが殺到してしまいました。実際、5万円の家賃でも十分いける物件でした。

以上のように、「一発でこの家賃」とは言い難いですが、該当エリアの家賃相場感はつかめます。さらに、間取り情報を追加すれば、これまた、1分ほどで家賃相場を把握できます。

賃貸需要と家賃相場を事前につかまなければ、魚のいない池で釣りをしているのと同じです。賃貸するなら、できるかぎり把握しておきたい情報です。

賃貸経営の成功の肝は「家賃設定」――賃貸需要の多い家賃設定とは？

商売で一番大切なのは「価格設定」です。

ビジネスマーケティング界の世界的な大御所ダン・S・ケネディさんは、「ビジネスは価格で生き、価格で死ぬ」と言いました。

商品の価格のつけ方が、ビジネスにとっては生命線なのです。

もちろん、不動産賃貸業もビジネスです。この場合の価格とは「家賃」です。大家業にとっては「大家は家賃で生き、家賃で死ぬ」と言い換えられます。

あなたが不動産賃貸業を始めるときに一番考えるべきは「家賃設定」です。

では、決まりやすい家賃設定はあるのでしょうか？

少なくとも、**需要の多い家賃帯が決まりやすい家賃**といえます。

「一般的に、賃貸住宅に住みたい人はどんな人か？」というターゲット像から見ていきます。

ある程度の定職について収入が安定している人なら、今は住宅ローンがとても低金利で借りやすくなっていますので、住宅購入するのではないでしょうか。

だから、住宅が購入できない層が、賃貸住宅のターゲットとして多数派（ボリュームバンド）となるでしょう。

「行政の住宅扶助」から類推する

このようなボリュームバンドに含まれている層には、住宅確保要配慮者も含まれています。

そのような人たちの場合、国から保護を受け、健康で文化的な最低限の生活を保障される制度があります。

その制度には、当該者に国が住居費として支給している金額があり、**「住宅扶助」**と呼ばれています。

住宅扶助額は、全国の都道府県と一部市で定めた金額があり、生活保護者の世帯人員数に準じた金額が支給されます。

例えば、平成30（2018）年4月現在の基準では、大阪市は人員別に一世帯当たりの月額限度額が定められています。

◎1人世帯……4万円

◎2人世帯……4万8000円
◎3～5人世帯……5万2000円
◎6人世帯……5万6000円
◎7人以上世帯……6万2000円

このように、各地方自治体で月額限度額が定められており、ネットや役所などで調べることができます。

少なくとも、このような方々に支払われる住宅扶助額が「各物件の最低家賃」と考えられます。

例えば、1人で住むワンルームマンションでは、家賃としては4万円が最低家賃になります。

そこであなたの物件が何人で住める物件か目処を立て、もし3～5人が住める家なら最低5万2000円という家賃想定ができるわけです。

このように、全国の住宅扶助額から、あなたの物件の最低限の家賃設定を決めることができます。

「値ごろ感のある家賃」の計算式

前述の大和高田市の事例を使って（成約家賃……月額4万5000円）、ユニークな計算方法をご紹介します。

先ほどは「戦略的家賃設定」として、1部屋少ないアパートの家賃から相場家賃を導き出して、早期入居可能性の高い家賃を求めましたが、今回は、周辺家賃相場から相対的にユーザが「値ごろ感」を感じる家賃設定を計算式で出す方法を考えてみます。いわゆるお客様の「値ごろ感のある家賃」計算法です。

この計算に当たり、小売業の「買いごろ価格」計算法を応用して算出します。

買いごろ価格＝$\sqrt{最高価格×最低価格}$

この計算法で、店舗でのお客様の心理の中で「買いごろだな」と思う価格帯が導き出せます。

この計算方法を応用して同じエリア、同じ大きさの間取りの物件を、築年数に関係なく**「一番高い家賃」と「一番安い家賃」を見つけて計算**してみてください。

例えば、先ほどの大和高田市の物件は、間取りは一戸建て4DKでした。

そこで、最低家賃と最高家賃を見てみましょう。

ちなみに、スーモでのこの条件検索のヒット数は5件、最低家賃が4万円、最高家賃が6万5000円でした。

先ほどの算式に当てはめてみます。


4万円×6万5000円の√（ルート）です。


実際も計算すると5万990円と出ました。

家賃が5万円でも、まだ値ごろ感があると出ています。

だから、当初設定の月額4万5000円は、破格に安く、申込みが殺到したとも考えられるでしょう。

地元業者から情報入手

他にも家賃設定を考える上で大事なのは、「**地元業者の家賃情報**」です。

これには注意が必要で、例えば、「この物件だと家賃いくらで、入居者がつきますか？」と質問すると、業者は頭をぐるぐる回します。

もし実際に依頼されたとき、今言った家賃より安くなると、きっと文句を言われるので、とりあえず安めに言っておこうと考えがちなので、業者の想定家賃は少し低めの家賃設定だと思ってください。

以上、家賃設定の考え方を3つお教えしました。

他にも、地域の賃貸需要のある世帯の年収から導き出したり、地域の賃貸の㎡当たりの賃料単価を調べて導き出したり、大家さんの投資の採算ベースから賃料を導き出したりと、いろいろな方法があります。

とりあえずは、以上の3つの方法を押さえておけば、妥当なラインの家賃設定はできます。設定が高すぎてまったく反応がない結果空き家になったり、設定が低すぎて思ったような投資利回りを得られなかったりといったことはないでしょう。

リフォーム工事のコストを考える

家賃が決まれば、今度は一番大切なリフォーム工事のコストを考えて、しっかり儲かる物件に仕上げる必要が出てきます。

空き家を再生する一番の重要ポイントは、リフォーム工事です。

そして、それを儲かるようにするには**「工事代金（コスト）管理」**が大切です。

例えば、毎月の家賃が5万円と想定できる物件なら、リフォーム代を120万円かければ、2年で投資資金の回収、表面利回りは50％にもなります。

もし銀行に120万円預けたとすると、都銀等の定期預金金利が0・0001％なので、1年間で利息は120円です。

同じ120万円ですが、投資に回せば年60万円の家賃収入があります。なんと利息の5000倍です。

賃貸経営が預金より5000倍以内のリスクだと考えるなら、リフォーム費用に投資したほうが有利でしょう。

賃貸住宅転用の場合、家賃はほぼ決まってしまいますので、その家賃で十分収益が出る工事（コスト）管理が大切です。

「リフォーム費用」のかけすぎにご用心！

「こんなに儲かるんだったら」と、リフォーム費用をどんどん上げても、家賃は上がりません。単純に利回りがどんどん下がるだけです。このご時世、そうそう家賃を上げていくのは難しいものです。

しかし、これで失敗している人が結構います。

毎月のように来る相談に、

「先生の本を読ませてもらって、空き家再生不動産投資したのですが、全然儲からなくって……」

といった苦情のような、悲鳴のような相談です。

「私の著書をちゃんと読んでいたら、こんな失敗しないのに……」と思いながら聞いていくと、その原因は明らかです、

「リフォーム費用のかけすぎ！」のひと言につきます。

そして、それを引き起こす要因も明らかです。

それは……、あなたの目線でリフォームをしてしまったからです。

皆さんは、投資家であり、大家さん側です。そのため、求める質が高いのです。あなたの物件を探している人は、そこまでのクオリティを求めていません。

例えば、あなたの目線は、家賃10万円の分譲貸しのマンションだとします。でも、あなたの物件を見に来る人は、家賃5万円で探している人です。

求めている質にギャップがあるのです。

家賃10万円の物件を作るのではなく、家賃5万円の物件の中で、あなたの物件の質が高ければいいのです。

あなたは、「あれも、これも」と工事するよりは、「こんなリフォームでいいの!?」と思えるくらいでちょうどいいわけです。

リフォーム会社の言いなりになってはいけない

そこまで言っても、工事をしてしまうケースがあります。

それは、工事を頼んだ業者が、工事額を上げるためにどんどん提案して、工事額を増やしてしまうからです。

かたや工事のプロだと思う相手から、まことしやかに提案されると、「プロの言っていることだから」と追加工事をしてしまうわけです。

でも、彼らは工事のプロかもしれませんが、賃貸経営のプロではないので、あなたの採算や収益は考えていません。

工事の歯止めをかけるのは、あなたしかいないのです。

私が思う理想の工事屋さんは、家賃がわかっていて、どの程度までやれば、入居者が決まるかもわかっていて、家賃に見合う工事をしてくれる業者です。

少なくとも工事前に、

「この物件賃貸に回したら、家賃いくらくらい取れるかな？」

と尋ねてみるといいでしょう。

曖昧《あいまい》な答えしか出ない工事業者は、あなたの採算度外視の工事を提案してくる可能性があります。

ただ、ここで注意勧告です。

このように話すと、業者に「安く、もっと安く」と値切りまくる人がいます。そんな工事の仕上がりを見ると。見に来た人に素通りされるような素っ気もない物件になっています。

このような安い工事は、人件費か材料代をいじめているだけです。

私が著書の中でよく紹介する古家再生専門のリフォーム会社の**「カラーズバリュー」**（https://colors-value.com）さんでは、土壁にも塗れる塗料を開発し、作業工程を見直して、職工数を減らしてもすばらしい仕上げができるようにリフォーム工事にイノベーションを起こしている会社なので安くできます。

職人や材料の経費をただ減らしただけでは、ろくな仕上がりになりません。

少なくとも、同じ家賃相場の物件の中では、質の高いリフォームでなければ、何に

ビンテージ感は残しつつ内装。

お金をかけているのかわかりません。
くれぐれも「安物買いの銭失い」ならないようにしたいものです。

また、空き家・古家のリフォームのコツは、「新築風にしない」「古さを活かして、クラッシック感やビンテージ感を出す」ことです。
「どんな入居者を入れるか」も想定して、その属性に合わせた内装にしましょう。これをマーケティング用語では「ペルソナ設定」といいます。
まさに、リフォーム工事があなたの賃貸経営の生命線です。

【用語解説】表面利回り
投資額に対する家賃収入から算出したものです。

例えば、200万円の古家を200万円でリフォームすると、合計400万円の投資です。

そのとき、毎月5万円の家賃（年60万円）の収入があったとすると、

60万円÷400万円＝15％

となります。一般には、「表面利回り」といわれる15％を「利回り」として表しています。

外国人も入居客層として重要ターゲット

2012年、私は仲間と共著で『空室対策のすごい技』という本を出しました。当時からどんどん空室が増えており、入居者が見つからない状況が顕在化してきました。

そこで、「いかにして空室を満室にするか」の具体的な66の工夫をまとめた1冊です。

その時期から比べても、空室はますます増えるばかり。なのに、建設会社は、相続税対策と言いながら、安易な賃貸住宅建設を未だに続けています。

現在は、何もしなければ空室だらけになって当たり前の状況です。ちゃんと手を打った人だけが生き残れる厳しい状況になっています。

また、社会構造の変化が、人口減少と長寿化社会を急速にもたらしました。この変化が賃貸市場と入居者層に大きな変化を及ぼしています。

人口減少の対策として、国は日本で働く外国人を増加させようとしています。2019年4月から国は出入国管理法を改定し、人手不足の分野に特定技能者として外国人労働者を受け入れることにしました。

その総数は、政府推計によると、5年間で最大34万人を超える受け入れを想定しています。全国どこでも、身近なところで外国人労働者とかかわることになります。

ただ、彼らは旅行者ではないので、定住する住まいが必要になってきますが、まだまだ十分に足りているという状況ではありません。

具体的には、外国人の入居は従来、その地域で大きな工場などがあり、外国人労働者を雇っている会社からの入居依頼か、外国人同士の口コミが多かったのですが、最近は、外国人専門の入居募集サイトがあったりします。

例えば、**保証会社「株式会社グローバルトラストネットワーク（GTN）」**さんの募集サイト（https://www.best-estate.jp）があり、ここでの掲載が入居率に大きく影響します。

また一般の不動産業者でも、雇用側の法人が物件を探していますので、「外国人入居OK」と言っておけば大丈夫でしょう。

あとは、近隣の病院や福祉施設などにお知り合いがいれば、「外国人の研修生用に住宅を賃貸できる」と総務部などに声をかけておくのもいいでしょう。

留学生の場合は、各学校に問い合わせをすればOKです。

今後も、外国人労働者のための賃貸住宅需要は旺盛です。ぜひ認識しておきたいポイントです。

新たな法制定で需要が高まる「住宅確保要配慮者」向け住宅

長寿化社会の到来で、特に高齢者の独り住まいが増えてきていますが、まだまだ高齢者の独り住まいに対応してくれる賃貸住宅は少なく、今後の課題になっています。国でも、高齢者が安心できる賃貸住宅を増やしていくために、低所得者、障害者、被災者、子育て世帯とともに、高齢者を住宅確保要配慮者として賃貸住宅の供給を促進する法律（住宅セーフティネット法）を制定しました。

この法律の整備により、**住宅確保要配慮者**は、国土交通省の推計で2010〜2035年の25年間で、**約1000万から1400万世帯へと増加する**と見込んでおり、これらの方々への賃貸住宅の提供もまだまだ足りていない状況になっています。

したがって、このような社会の変化、市場の変化に合わせた賃貸住宅を提供する必要があります。

具体的には、国土交通省が運営している**「セーフティネット住宅 情報提供システテ**

セーフティネット住宅　情報提供システム

ム」（https://www.safetynet-jutaku.jp/）などに登録することや、一般の業者に依頼するときに「福祉利用者（生活保護）や住宅確保要配慮者もＯＫです」と言っておくことが求められます。

このように、時代とともに入居者層も大きく変化しています。

私の子供時代は日本も高度成長期で、地方から都会に出稼ぎに行って「金の卵」といわれ、集団就職でどんどん都会に若い人が流入して来ていました。

その当時の賃貸不動産の客層と現在の日本の状況では、対象になる客層がガラッと変わっています。当然、入居者の募集方法も管理方法も変わってきています。

このような時代の変化に対応できない、未だ旧態依然とした大家さんは滅んでしまいます。

私の会社も大阪府の「大阪あんぜん・あんしん賃貸住宅登録制度」の相談協力店になっています。

これからの新しい需要に向けて積極的に手を打っていける大家

さんには、まだまだチャンスがあります。

空室対策のトレンド、異状あり！

ＩＴの進化で、物件探しはほとんど携帯で行なわれ、駅前の不動産業者に行って物件案内してもらうパターンは、劇的に減っています。

今は、まずスーモさんのようなポータルサイトで検索して、その物件を見るために物件を扱っている不動産業者に行くというパターンが主流です。

賃貸不動産業者の営業方法もずいぶん変わってきました。これだと、営業マンも少なくて済むわけです。

先ほど紹介した共著の中で、私は、入居者募集のためのチラシや内見者対策のＰＯＰの作成などを紹介しています。

そこでは、物件のＵＳＰ（ユニーク・セールス・プロポジション）として物件の特徴やいいところをできるだけ書き込んだ、募集台帳（マイソク）を作成し、業者に配布しました。いわゆる一部屋ごとのセールスカタログのようなもので、業者が賃貸物件を探しているお客様に見せながら、物件をセールスできるように作成しました。

当時は、住所と地図と間取りと家賃がでかでかと書かれた、なんの特徴もない台帳が多かったので、それだけで内見につながり成約していました。

しかし、時代の変化は早いもので、今は、携帯で検索して、たくさんの写真や動画がつけられ、実際に見に行かなくても内見に行った気分になれます。

地図も、グーグルなどがあれば、周辺の施設（スーパー、飲食店、医院、学校等）はすぐにわかります。

私が作るような案内チラシや地図は、もういらなくなりました。時間の経過とともに、営業手法も変化させる必要があります。

今では、室内は３６０度のカメラで撮影され、写真でも動画でも、好きな位置から室内を見ることができます。現地に案内されなくても、物件の内装や設備などはほとんど手に取るようにわかります。

今の入居希望者は、どんな情報を求めているのか？

これからは、**「住む人にどんな生活が叶えられるか」**の情報が提供できる物件が選ばれる時代になります。

例えば、室内に浴室乾燥機がついていることは、室内の写真や動画でわかります。しかし、それがあるだけなので、見ている人も生活イメージと結びつきません。

そのときに求められるのは、この物件を見ている人が女性や共働きの夫婦であれば、「急な雨の日にも、洗濯物が取り込めなくても安心」、また、女性なら「下着などが室内に干しておけるので安心」と「浴室乾燥機があることで、どんな暮らしができるか」をしっかりアピールすることです。

また、「目の前にスーパー有り」と言っても、何時まで開いているかで、生活スタイルが違ってきます。夜8時に終わるスーパーと24時間開いているスーパーとでは、入居者の生活が大きく変わります。急な残業で買い物ができなくても、目の前に24時間開いているスーパーがあれば助かります。

生活の利便性でいえば、「スーパー」という言葉だけでは片付けられない、生活に直結した情報が表現されていません。

病院だって同じです。急患も受け入れてくれる病院かどうかで、安心度が大きく違います。急なお子さんの発熱にもすぐに連れて行けます。

皆さんが、ITやグーグルマップを超えるためには、物件情報に「入居者がどんな生活を叶えられるか」をはっきり提案することです。

一般的な情報を、入居者に便利な役立つ生活情報にどう変化させるかが求められるわけです。

この点では、前述の書籍『空室対策のすごい技』の中で、大家さんのためのキャッチコピー・POP集として140種類のキャッチコピーを掲載しましたが、この文言は、入居者のライフスタイルを連想させる文言になっていますので、まだまだ今の時にも通用するかなと思っています。

賃貸に入居したい人にとって、情報は昔以上にふんだんに手に入るようになりました。しかし、その情報がその人にとってどんな意味があるのかは、なかなか教えてもらえません。

そこで求められるのが営業マンのコミュニケーション能力です。お客様が必要としているものが何なのかを汲み取り、情報に意味をつけてあげる必要があります。

工夫のない、ネット情報だけを頼りにすると、新しい物件に負けてしまいます。でも、住む人のライフスタイルを連想させる文言で、お客様にイメージさせることができ、古くても住む人の生活が楽しさや憧れを醸し出させるような物件であれば、「あんな家に住んでみたい！」と請われて、入居者が決まってきます。

「あなた物件をぜひ借りたい」と入居者が列を成す、貸すための工夫6選

人口減少、世帯数減少の中、物件はどんどん増加しています。なんらかの手を打たなければ、あなたの物件が空室になるのは当たり前です。

そんな中、満室経営を続けている大家さんもたくさんいます。

このような方の工夫の仕方を学んで、入居者に選ばれる賃貸物件を目指してくださ

い。

①営業力強化

近隣の賃貸不動産に入居者を見つけてくれる業者（業界内では「客付業者」と呼ぶ）に顔を出して、物件への案内をお願いすることです。

管理会社に任せているから安心と思わず、大家さんが自ら顔を出すことで、業者への印象が大きく変わります。

②情報拡散も怠らない

今は大家さん自ら募集できるサイトがいろいろありますので、そのようなサイトを利用して、直接入居希望者にアピールすることもできます。

大家さんと入居希望者を直接マッチングする賃貸サイトをいくつか挙げてみます。

◎ウチコミ（https://uchicomi.com）

◎ジモティー（https://jmty.jp）※地元の人に誰でも簡単に広告できる掲示板。

◎ＥＣＨＯＥＳ〈エコーズ〉（https://s-echoes.jp）※ポータルサイトに大家さんが自

ら掲載できる。

③家具・家電付きにする

特に単身用の場合、転勤族は、実家や自宅に戻れば家具・家電はありますので、余分に購入したくないものです。ですから、すでに家具・家電が備え付けられていれば助かります。

大家側で備える家具・家電は、決して新品でなくても、中古のものでも大丈夫です。部屋に備え付けてあげると、家賃も少しアップすることができますので、おすすめです。

入居時に必要ない場合は、また別の部屋の募集時までしまっておいて使えばいいでしょう。

④ステージング

ステージングは、部屋に家具などを設置して、あたかも住んだ場合をイメージできるモデルルーム化です。

人はガランとした部屋を見ただけで、そこでどのように暮らしていくかのイメージが湧きにくいものです。そのイメージを補完するために、実際に家具などを置いて、その部屋でどんな暮らしができるかを提案します。

ステージングの効果は、やはり絶大です。もしやらない場合とやった場合を比較する機会があれば、経験的には2倍は反響率が高くなると感じます。

現在はインターネットで物件を探す時代です。そうなると、ガランとした部屋より、ステージングされた、インスタ映えする物件がまず選ばれることになります。

しかし、ステージングがいいといっても、たかが賃貸でのイメージアップなので、無尽蔵にお金をかけるわけにはいきません。

予算は家賃の1～2カ月分まででしょう。なおかつ、これは入居が決まれば回収して、別の空き室に使い回しするぐらいのコスト管理をしないと、もったいなくてやれません。

住宅販売の場合は、かなり贅沢な家具・家電をつけて、成約すればそれをプレゼントするようなキャンペーンもやるみたいですが、賃貸ではそこまでふんだんにお金をかけると採算が合いません。

ちなみに、全室やらなくても構いません。ちゃんと予算管理しながら、効果を高めることが大切です。

実際にステージングをするのに、内装工事業者に頼む方もいるでしょうが、できれば、インテリアコーディネイターやカラープランナーなど、内装のプロに頼むと、逆に安い家具・家電でも、それなりに素敵な部屋に見えるようにプランニングしてくれます。

大阪では、住宅のカラープランニングをしている女性2人の会社 **「A&K works」**（https://ak-works.co.jp）さんや、全国的に空室対策コンサルティングしている **「フィーリングリフォー**

ム」（https://feeling-reform.com）さんなどがよく利用されているようです。

また、空き家や古家などを専門にステージングを提案する**「clasical-home」**（https://cc-home.co.jp）さんが人気です。

この会社の良いところは、ステージングの設備を買い取らないで、リースしてくれること。また、古い物件に合うように、新しい家具ではなく、骨董品を使うようにして、古い物件の古さを活かして、アンティークでビンテージな感じにしてくれます。空き家や古家など築年数の古い物件にはぴったりです。

このように、最近では賃貸物件でも多様なサービスが提供されるようになっていますので、ぜひ利用して、他の物件より一歩先に進んだ価値のある物件だとお客様に思ってもらうことが大切です。

⑤DIY物件（入居者が自由にリフォーム、貸主のリフォームコストの節約にもなる）

これは、最近注目の賃貸のやり方です。

DIYとは「Do It Yourself」で、「自分でやる」という意味です。

賃貸の場合、入居者が自由に改装できるので、とても喜ばれている物件です。

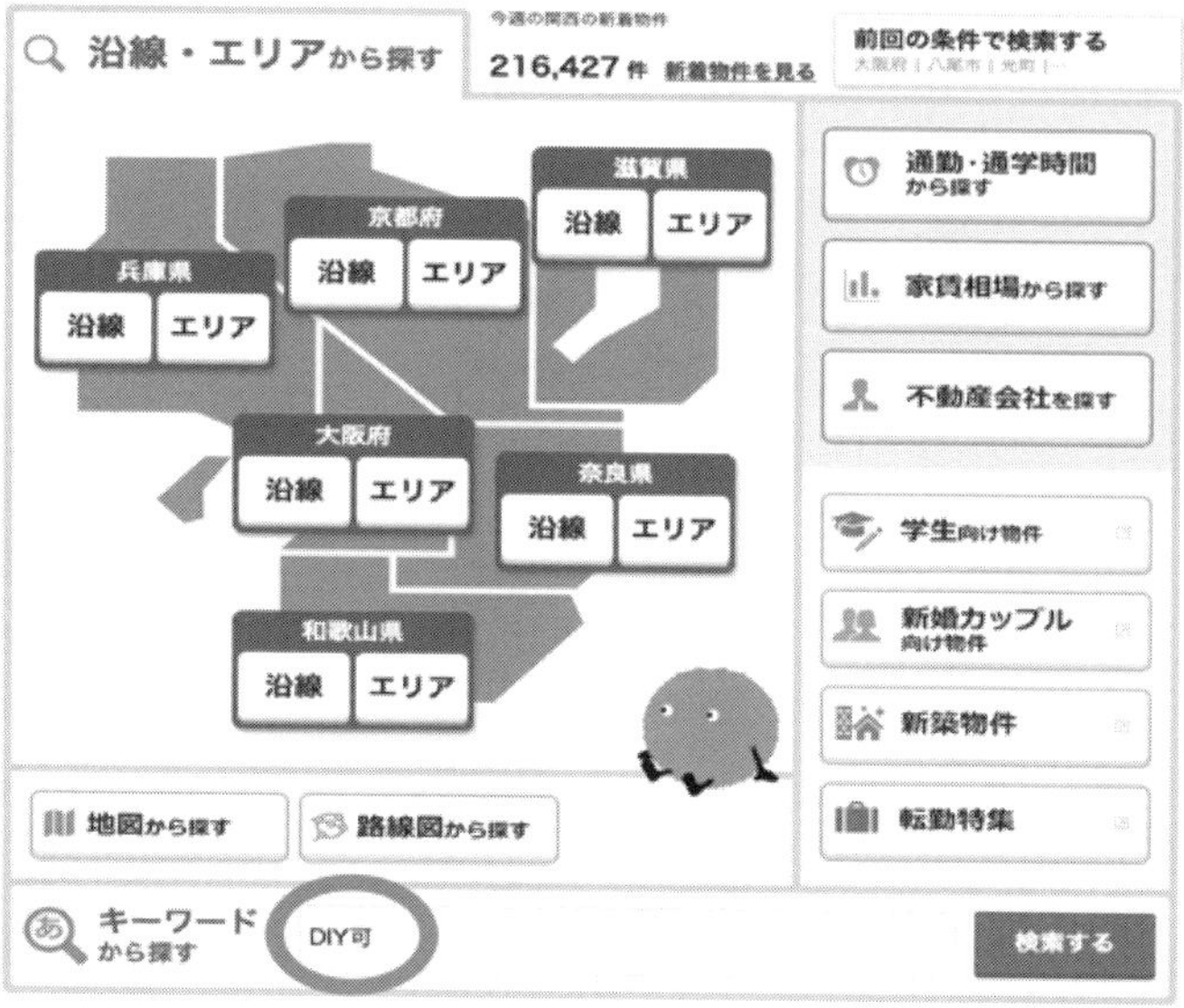

スーモ検索サイトで「DIY 可」と入力。

例えば、ポータルサイトのスーモさんの「キーワードから探す」の欄に「ＤＩＹ可」とワードを入れると、結構物件が出てきます。

入居者としては、自分たちのライフスタイルに合わせてカスタマイズでき、自分好みの物件で暮らすことができるので、部屋にも愛着が湧き、大切に住んでくれますし、長期入居の可能性もあります。

借りるほうも、建築家やデザイナーや美術・建築系の大学生など、その需要は高く、またその内装はとてもおしゃれで、退去されても、そのまま次の入居者がすぐ決まることも結構あります。

フルリノーベーションしてもいい物件から、一部自由に壁紙を選べるものまで、DIY可能物件にもいろいろあるので、募集時まではしっかり決めておく必要があります。

なお、DIY物件については国土交通省も後押ししており、**DIY型賃貸借の手引き**をホームページ（http://www.mlit.go.jp/jutakukentiku/house/jutakukentiku_house_tk3_000046.html）で公開しています。

⑥多頭ペット飼育可能物件にする

世間は空前のペットブームですが、なかなか共同住宅ではペットの飼育を認めてもらえないのが現状です。

たとえペット可能物件のマンションでも、せいぜい1匹か2匹まで。

その点、空き家や古家では、ちょっとした庭があったりして、ペットも多頭飼育も可能です。

そこで、空き家や古家では、ペットの多頭飼育も認めてあげると、たとえ辺鄙な場所の物件だとしても、かなり遠方からの入居希望が来たりします。

多頭飼育の無秩序な許可はダメですが、ある程度ルールを明確にして、柔軟な飼育を認めてあげると、圧倒的な差別化になります。

ポータルサイトのスーモさんでも、ペット可・相談ＯＫの賃貸物件として検索サイトとペットと暮らす住まいのノウハウを解説してくれています（https://suumo.jp/chintai/nj_103/）。

貸す側として特に注意すべきは、退去時に普通の退去時よりは原状回復工事にコストが高くつく可能性があるので、保証金を多くもらったり、普段の家賃を頭数に合わせて増額する仕組みなどを取り入れておく必要があります。

また、ペット飼育を許可する場合は、管理規約を作っておくことが大切です。

やはり、鳴き声や臭いなどで近隣に迷惑をかけるような場合には退去してもらうことも、一筆とっておいたほうがいいでしょう。

売却の再チャンスも！入居者に売却できるかも!?

昨今の不動産投資ブームで、市場にある収益不動産の利回りは年々低下し、2019年のアパートローンの融資の引き締め前まで、投資の表面利回りが5％を切るような物件も当たり前のように売り出されていました。

2023年の春は、現在の市場状況も、コロナ禍が落ち着きインバウンド需要も増してきたこと、円安基調で海外の投資家から見ると割安感があり、未だ表面利回り5％程度で推移しています。

そのような市況の中で、古家再生不動産投資物件は、一棟当たりの投資金額は低いですが、だいたい表面利回りは12〜15％に落ち着いています。

これは、空き家を買ってリフォームして入居付けまで行なった方の利回りで、すでに入居者が入って家賃収入が上がっている物件だと、10％ほどの表面利回りになっています。

具体的に計算してみます。

◎空き家を相続……購入費用は0円
◎リフォーム費用……200万円
　↓合計200万円（原価）
◎入居時の家賃……月5万円（年60万円）

この場合の表面利回りは30％になります。

これを入居者が入って家賃が入る収益物件として売却する場合、表面利回り10％ほどで売却できます。

年間家賃60万円の物件で、表面利回り10％で売却すると、

◎売却価格……600万円
◎原価……200万円
◎粗利……400万円

売却時の諸経費も必要ですので、手取りはもう少し減るでしょう。

相続時に物件の買い手が見つからず、売却できなかった物件でも、このようにリフォームして入居者をつけて収益物件にすることで再度売却のチャンスがあります。

この場合、3000万円の特別控除は使えませんので、譲渡税（売却価格の20％ほど）はかかりますが、まったく売却できなかったものが損なく売却できるので、悪くはないと思います。


もう1つの売却チャンスがあります。

気に入ってくれた賃貸の入居者にそのまま売却する場合です。

古家ですが、住宅ローンとなると、期間20年くらいのローンが受けられる場合があります。

すると、家賃5万円をそのままローン返済に回せるなら、いくら融資されるかを逆算してみます。

1000万円を金利3％で20年間借りると、ひと月当たりの返済が5万5450円ほどです。

今支払っている家賃より5000円ちょっと支払いが増えるくらいです。入居者が気に入って買ってくれるなら、1000万円くらいで売却できる可能性があります。

もちろん、原価は200万円でしたので、800万円の粗利となります。しっかりリフォームして、入居者がずっと住みたいと思ってくれるような物件を提供できれば、入居者に売却して儲けることもできます。

もちろんこの場合も、3000万円の特別控除は使えませんし、譲渡税はかかります。

このように、普通の住宅として売却するのではなく、「収益不動産」という性質を変えて見ると、別の販路も見つかります。

賃貸は人の命を救う力がある

私はバブルの崩壊後、すべての財産と仕事を失いました。

日々どのように生活をしていくのか、バブル崩壊の大不況の中、まともに仕事も見つかりません。まさに、明日払う電気代がない状況です。

この世をはかなんで、多くの仲間がこの世を去りました。

そんな窮地を救ってくれたのが、祖母が所有していた小さなアパートの家賃収入でした。

とにかく、私の家族や父が最低限暮らせるだけの家賃がありました。贅沢はできませんが、家賃で生きていくことはできました。

仕事も財産も家も失うと、どうやって収入を得たらいいのか、見当がつかなくなります。

その中で暮らせたのは、毎月少しでも入ってくる家賃収入があったからです。

仮に1年後に1億円の物件が売れて収入を得られるとしても、今まさに、毎日の食事や生活の出費の足しにはなりません。1年後の収入まで何も食べずに我慢するなんてことはありえないのです。

毎日、毎月生きている限り、お金が必要になってきます。そのお金の調達ができなければ、それでおしまいです。

たくさんの仲間がいなくなっていく中で、私たちだけは生き残れました。それは、少しでも安定した収入があることで、生活設計できたからです。

大阪の商人たちの言い伝えの中にある「不動産を大切にしなさい」という言葉がこのときほど身に沁《し》みたことはありません。

江戸元禄時代の豪商の遺言にこんなものがあります。

「奈良屋茂左衛門」は、徳川吉宗に材木商として重用され、一代でその商才で財をなし、時の豪商、紀伊国屋文左衛門と並び称されました。

しかし、その遺言では、

「いかなる商いもしてはならない！　のちは店賃《たなちん》収入で暮らすこと」

と子孫には強く求めました。

当時の天才的な商才を持つ豪商でさえ、子孫には商売を継がせるのでなく、不動産賃貸業を行なわせようとしました。

資産を残し豊かになるには、時代の流れに左右される商売を引き継がせるのではなく、家賃収入を引き継がせようとしました。

確かに、時代の浮き沈みがある中でも、安定的に一定の収入がある不動産賃貸業は、人の生活の安定にもつながります。

バブル崩壊のあの当時、お金も仕事もなくなった私たち家族の命を救ったのは、祖母のあの小さなアパートの毎月の家賃でした。

まさに不動産の賃貸は、人の命さえも救うことができることを、身をもって実感しました。

第6章

空き家の「潜在能力」を探る

空き家は、世間の邪魔物ではなく、重要な社会資本

社会資本というと難しく聞こえますが、日常生活を円滑に送るための社会基盤や施設などを指します、例えば、水道やガスなどの供給施設や道路、鉄道施設なども社会資本です。

これからの空き家は、社会の邪魔物ではなく、国民の福祉の向上と国民の経済の発展に貢献する重要な社会資本として活躍できる、潜在的なパフォーマンスがあると思っています。

この章では、空き家が社会の中で大きく貢献している、また、その可能性を感じてもらえる事例を紹介します。

このような事例に触発されて、あなたも空き家を社会資本として活用していただければと思います。

空き家を楽しく、おもしろく再生して、あなたも楽しみながら社会貢献ができるよ

うになってほしいと願っています。

【事例】鎌倉の家（甘夏民家）

――TBSドラマ「おカネの切れ目が恋のはじまり」の舞台

この物件は、私の友人が鎌倉にある古い住宅を改装して、自宅をこだわりのカフェとシェアハウスにしている物件です（https://safaribcompany.net/gallery01/amanatsu/）。

甘夏民家は、江ノ電「長谷駅」から徒歩5分の場所にあり、築80年の古民家をリノベーションしてつくられたシェアハウスで、和の趣を残しながらも、モダンな設備が整っています。

甘夏民家は、鎌倉観光の拠点としても最適な場所にあります。徒歩圏内には、鎌倉大仏や長谷寺などの観光スポットがあります。また、由比ヶ浜海岸までも徒歩で行って、海水浴や散歩を楽しむこともできます。

古民家再生がブームになっている昨今ですが、本気で再生するには結構困難もあり

ます。実家の空き家であれば、不動産の購入費用はかかりませんが、今回の場合は、わざわざオーナーの横山さんがお持ちの不動産を売却して資金を作って再生されました。
そもそもの動機の1つは、旅行好きで仕事の合間に全世界を回っていて、ノルウェーで出会ったコーヒーに衝撃を受け、カフェを日本で開こうと決意。その希望を叶える物件を探していました、その中で、鎌倉最古の神社「甘縄神明宮」の隣にある、こちらの建物と出会いました。
この物件は、横山さんが購入しなければ3分割されて、建売になるところでした。

横山さんは以前に不動産会社に勤めており、その頃から、このような古民家が取り壊されて姿を消していくことに心を痛めていました。今回の物件の場合、特に鎌倉は観光地であり、また由比ヶ浜近くに住みたい人も多く、すばらしい立地でした。

そこで自ら企画、施工、デザイン、管理することで、こだわりの古民家再生を決意しました。

金銭面でいえば、古民家は築年数が古いため銀行の融資は受けにくく、自ら資金を用意する必要があります、横山さんは、自らの私財を投げ打って再生に投入しました。

また、古家の再生では、当初想定しなかった建物の不具合が見つかったりするなど、再生には結構手間ひまがかかります。そのような生みの苦しみも楽しめる人でないと成功しないと思います。

その甲斐もあり、鎌倉では話題の物件となり、度々マスコミにも取り上げられました。

折しも、ＴＢＳドラマ「おカネの切れ目が恋のはじまり」の舞台に使われたり、

ＮＨＫ大河ドラマ「鎌倉殿の13人」で鎌倉エリアが大いに注目され、「甘夏民家」はブランディングされて話題の物件になりました。

この事例は、地域貢献と自らの想いとビジネスを両立させています。

このような、オーナーがこだわりを持って古民家を再生する事例が、各地の観光名所で現れています。

私は、インバウンドが回復し始めた現在なら、ますます成功の可能性があると思っています。

【事例】京都の民宿（篤庵）

京都で、夫婦２人で始め、運営されている民泊ですが、口コミで世界に広がり、海外からの宿泊客が絶えないと話題の「篤庵」です。

京都府和束町は「茶源郷」と称される、宇治茶の約４割を生産する、美しいお茶の町として８００年以上の歴史があります。

そんな和束町の小高い丘の上に建つ民宿です（https://atsuan-wazuka.com/）。

コロナの流行により、一時期民泊が撤退して空き家になっている観光地の物件はたくさんあります。

このような空き家は、これからはただの賃貸物件にするのではなく、オーナーのこだわりと思いを詰め込んだ、地域再生共生できるビジネスとして活用することも大切だと思っています。

なぜ分譲マンションの荒廃が進んでいるのか？

日本では、2018年時点で分譲マンションは約654万戸あるといわれています。その中で、国土交通省では2017年末で築年数が40年を超えるものが約73万戸あるとしています。

このような築40年を超える分譲マンションが、荒廃の危機に晒《さら》されています。マンションの高齢化に伴い、住民も高齢化し空き家になってしまったり、相続により、複雑化した所有権利関係のため、実際に名義人に連絡がつかず、管理費や積立修繕費用も回収できないまま、管理組合もお手上げになっていたりで、マンションの荒廃がどんどん進行しています。

このような分譲マンションの荒廃を防ぐには、管理費や積立修繕費用をちゃんと払ってくれる所有者と、そのマンションにちゃんと住んでくれる人が必要です。

最近は、相続されてはいるけれど、空き家になったままで歯抜け状態になり、活気のない高齢化した分譲マンションもよく見受けられるようになりました。

このまま放置しておくと、分譲マンションは廃墟になってしまいます。

最近では、このような問題を取り上げた書籍も刊行されています。『すべてのマンションは廃墟になる』（榊淳司、イースト新書）、『分譲マンション危機』（小林道雄、幻冬舎ルネッサンス新書）などがいい例です。

また、メディアでもＮＨＫ「クローズアップ現代」（２０２２年10月放送）で、「〝老いるマンション〟老朽化と高齢化にどう備えるか」という番組を放送して話題になりました。

番組内では「老朽化」して天井が落下していたり、劣化した設備で危険な状態の分譲マンションが取り上げられ、そのマンションに住む住民の「高齢化」による認知症老人のゴミ屋敷や孤独死の問題も取り上げられていました。

このような分譲マンションは、管理組合もなく、修繕積立金を徴収していなかったり、積立不足の状態に陥っています。しかし、入居者の高齢化により、今となっては年金生活の方ばかりになって積立金を増額することができない状態の中で、建物の老朽化により修繕費用がどんどんかさむようになってしまっています。

【事例】名古屋のパーティールーム

空き分譲マンションをレンタルスペース（パーティールーム）にした事例です。

コロナ禍で民泊は全滅の状況の中、好成績を上げ続けたパーティールーム運営のお話です。皆さんが相続した空き家物件も、パーティースペースとして復活再生できるかもしれません。

運営している方は、子育て真っ只中の女性経営者です、**「みかりん【レンタルスペース運営ママ】」**というYouTubeチャンネル（https://bit.ly/3jHetgY）でそのノウハウを提供しています。

普段は賃貸マンションの空室や戸建空き家を活用することが多いのですが、今回は分譲マンションの空室を使ってパーティールームにした事例を紹介します。

物件の概要は次のとおりです。

名古屋駅徒歩５分、分譲マンション、築50年、40平米・ワンルーム、賃料９万1500円。

このマンションの1室をレンタルスペースとして運用しています。築古のマンションですが、20～30万円でリフォームし、このように家具や設備を整え、パーティースペースとして時間貸し（1時間5000円程度）をしています。

利用用途は、ホームパーティー、歓送迎会、懇親会に加え、会議や商品撮影など、ビジネス利用も多くあります。

また、レンタルスペースとしての利用を管理組合で禁止されているマンションも多くあるので、管理規約の確認をしましょう。

許可されている建物であっても、不特定多数の出入りが伴うため、特に隣との壁が薄い場合や住居の場合は、配慮が必要です。

分譲マンションの場合、構造がRC造で、隣との壁もコンクリートなので、ほぼ声は通らずクレーム等はありませんが、騒音リスクが懸念される場合は、防音にしたり、営業時間を短縮するなど、工夫をするといいでしょう。

また近年、テレワークやZoom利用者が増えているため、ビジネス利用者限定のスペースにすることで、リスクを減らすことが可能です。

再生分譲マンション投資が町を救う

築古分譲マンションを荒廃させることは、社会の荒廃を招くと、私は思っています。私の力ではマンション全体を再生するほどの力はありませんが、私なりの解決方法も考えています。

そこで私は、顧問をしているエコホームズの大野社長の会社で「再生分譲マンション投資」としてプロジェクトを立ち上げました。

エコホームズさんは、賃貸のリーシングと管理が得意な不動産会社です。この会社の得意を活かして、再生分譲マンション投資を指導しています。

私は、古家再生投資の指導時には、**「大切なことは、傷んだ物件でも低コストで再生できる再生力（リフォーム力）だ」**といっています。そのため、その分野の得意な会社を選んで協力してもらいました。

なかでも、リフォームを担当する再生士の育成には、特に力を入れてもらいました。しかし、再生分譲マンション投資においては、リフォーム的にはマンションの内装だけです。

この投資で一番重要なのは**「リーシング力」**です。

分譲マンションは、購入すれば、毎月管理費と修繕積立金を払わなければなりません。古いマンションではこの負担が大きく、ファミリータイプだと、毎月2万～3万円の支払いが必要です。

そのため、表面利回りは、結構高く設定しています。せっかく投資しても、入居者が見つからないとこの負担が大きく、なおかつ融資も使っていると、返済の負担も含めて毎月かなりの支払いがのしかかってきます。この支払いに耐えられず、泣く泣く物件を手放す方もいます。

そのような悲劇を起こさないためには、しっかり入居者をつけられるリーシング力が一番大切です。

それぞれ投資対象物件の特性ごとに、投資での重点ポイントは変わります。

このように、それぞれの特徴に応じて重要ポイントを踏まえて、投資といえども投資ケースに応じてこなせる会社が変わります。

とにかく老朽化して買い手がつかないマンションの購入者を見つけて賃貸してもらい、そのマンションに新たに住民に住んでもらいます。

高齢者だけでなく、子供さんがいるようなファミリー層を増やし、世代交代を促進し、少なくとも、閑散とした分譲マンションをなくし、住環境を活気のあるものにしていきたいと考えました。

まだまだ産声を上げたばかりのプロジェクトであり、スキームですが、徐々に購入してくれる人も、そこで住んでくれる人も、増えてきました。

とにかく人の集まる住環境を作って、荒廃しない町、町の活気が生まれることで、所有者の不動産価値を向上し、地域の経済に貢献して、廃墟にならないよう、いつまでも賑わいのある町を持続していくことを使命にしています。

また入居者には、一般的な賃貸マンションより、同じような家賃で分譲マンションクオリティのスペックの高い物件に住んでもらえるようになります。

住環境は、分譲物件のほうが住んでいる方の属性や設備の質も高い生活ができます。

資産価値といえば、分譲マンションの場合、ほとんどが鉄筋コンクリート造りで、法定耐用年数が47年になっており、税制上は47年でほとんど価値がない扱いになります。

そのため、融資が築40年の物件にもなると、10年も融資期間が取れない、とてもこんなに短い融資期間では高い返済額を支払うか、キャッシュで買うしかできないような状況も見られます。

今日の日本では、ほとんどの場合、住宅購入は融資を受けての購入です。これでは到底融資がついたといえません。

そのため、築20年を超えると、急激に値段が下がってしまいます。

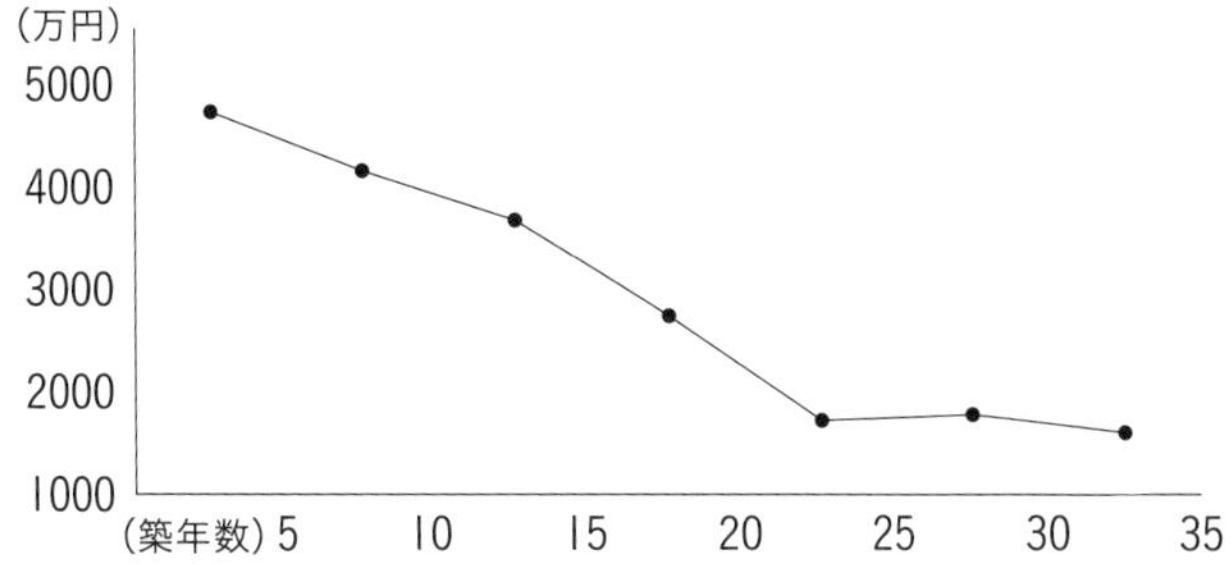

※成約物件を対象とする
出典：「築年数から見た首都圏の不動産流通市場（2015年）」（公益財団法人東日本不動産流通機構調べ）を基に作成。

そこで、私のほうで各金融機関と個別に交渉して、マンションの価値と独自の耐用年数を認めてもらい、融資期間を延ばしてもらって購入しやすいように交渉しています。

最近の例では、物件の経済的残存耐用年数を70年まで延ばしてもらい、余裕のある融資期間（20〜30年）をとって買いやすくしてもらいました。

このような安くなった物件を、投資家に現金や融資を使って購入してもらい、リフォームして賃貸転用して入居者に入ってもらい、マンションに活気を取り戻し、管理組合には、修繕積立金や管理費がちゃんと確保できるようにして、分譲マンションを再生させたいと思っています。

これからは、日本でもどんどん分譲マンションの老朽化が進みます。このようなところに手を打つことで、新しいビジネスが生まれます。

【事例】大阪・河内長野市の1981年1月築、3LDK分譲マンション

◎所在地　大阪府河内長野市
◎ライオンズマンション千代田二番館
◎1981年1月築
◎専有面積　63・27㎡／3LDK
◎当初販売価格　680万円
◎購入価格　400万円
◎リフォーム費用　113万円
◎家賃　6万9000円
◎表面利回り　16％

★募集1カ月で、小さなお子様がいるご夫婦が入居。

【事例】大阪・泉南市の1983年1月築、3LDK分譲マンション

◎所在地　大阪府泉南市信達市場
◎サンハイツ和泉砂川
◎1983年1月
◎専有面積63・10㎡／3LDK
◎当初販売価格　530万円
◎購入価格　430万円
◎リフォーム費用　110万円
◎家賃　6万5430円
◎表面利回り　14・5％

★募集1カ月で、新婚のご夫婦が入居。

相続空き家なら、表面利回り50%、100%も当たり前——全国古家再生推進協議会の取組み

私が顧問をしている「全国古家再生推進協議会」は、現在7000名を超える会員と1000戸以上の空き家を再生してきた実績があります。

協議会では、会員の皆さんに、持続可能（サスティナブル）な社会の実現のために、古い空き家を購入してもらい、それを再生して賃貸不動産に転用し入居者（地域に住む人）を見つけて、地域貢献しながら収益不動産投資を行ない、自分の資産形成にも役立ててもらう活動のノウハウの提供と組織的な支援をしている団体です。

最近は、「親の家（相続物件）を賃貸不動産に転用できないか？」といった問い合わせがたくさんきています。

相続空き家の活用・再生では、土地や建物を購入することはないので、リフォーム費用が主な投資額です。

第1章で紹介した例を振り返って表面利回りを見てみます。

埼玉県の物件では（表面利回り34％）、大阪府豊中の物件で1年でリフォーム投資を回収（表面利回り116％）、神奈川の物件で（表面利回り66％）、和歌山の物件で（表面利回り66％）です。

ここまでスムーズにいかなくても、古家再生不動産投資ではだいたい10％〜20％程度の標準表面利回りですので、ほぼその2倍から3倍の投資効率があります。

ここで注意事項です。

相続物件の売却による3000万円の特別控除を狙う場合は、一度賃貸してしまうと受けることができません。詳しくは2章を見直してください。

しかし、売れなくなってしまうわけではなく、収益不動産として家賃収入のある物件として、入居者がいるまま売却をすることは可能です。

また、入居者に売却することもできますので、「売れるが、特別控除による節税はできない」ということです。

【事例】神戸北野工房のまち――廃校の小学校を再生

廃校になった旧神戸市立北野小学校を活用した事例です（https://kitanokoubou.jp）。

【事例】シャッター街の商店街――人が来ないと嘆くより、人を増やせばいいじゃん！

大阪府東大阪市に「布施」というところがあり、そこには大きな商店街があります。ご多聞に漏れず、この商店街もシャッター通りになりつつありました。

そんなシャッター街で、旅行者と地元商店、地域の人との交流を結びつけた取り組みが始まりました。

その取り組みとは、**「布施商店街まちごとホテル」**というプロジェクトです。

商店街の空き店舗を宿泊施設に改装して、海外の旅行者に、名所の観光巡りでなく、地元の商店での買い物や飲食体験、地元の人との交流体験など、かなり日本のディー

北野工房のまち外観

北野工房のまちとは?

プな体験ができる、体験型観光です。有名な名勝がなくても、海外の旅行者にとびきりの日本の生活体験を提供したのです。

あらゆる地域で、地元を活性化するビジネスモデルになりえる事例です。地域の経済が疲弊していても、世界から新しいマネーを取り込むことで、経済を再生できる可能性があります。

地元に人がいて、少々の商業店舗があれば、地域交流と地元での生活体験ができるので、大きな施設はいりません。

シャッター街の商店街があれば、そこに宿泊施設を造ってもいいし、空き家があるなら、そこで宿泊できるようにすればいいのです。

新しく豪勢な最新ホテルは必要ありません。旅行者は、日本での生活体験を望んでいるのですから、今ある施設や設備で十分。町全体がアトラクションなのです。

地元の人から見れば、平凡に感じる日常ですが、それが旅行者にとってはとびきりの体験になります。

商店で、お菓子を買ってみたり、たこ焼きやお好み焼きを食べたり、居酒屋で地元の方と交流し、地元商店で買った食材で料理を楽しむ――。

もしあなたが海外に行ったら、こんな旅行体験をしたくないですか？

同じように、日本の有名観光地でなくても、たくさん魅力を生み出せる可能性があります。

耐震補強補助金をもらおうとするから高くつく
――耐震工事の注意点

倒壊を防ぐだけならもっと安くできます。これからも、もっと旧耐震基準建物が活

瓦からカラーベストに変更。

用できます。

古家の場合、耐震が弱いケースがあります。古家を社会資本として長く使い続けるには、ある程度補強も必要でしょう。

例えば、屋根を葺き替えるときに瓦からカラーベストに変更し、屋根の軽量化を図って建物にかかる水平力を減らす工事を実施します。

一般的な瓦が「坪（3・3㎡）当たり約140kg」、一方、カラーベストは「坪（3・3㎡）当たり約81kg」ということで、屋根の重さは約40％以上軽くなります。

一般的な住宅で、約1・5～2トン軽くなる計算です。軽自動車2台分くらい屋根が軽くなります。

この工法だと、瓦屋根で葺き替えるよりコストも安くなります。

これだけでも、かなり地震に強くなります。

他にも、特殊な金物で補強する工事などもあります。

古い住宅が倒壊する原因の70%が柱の「ほぞ抜け」が原因です。それを少しでも防ぐために、私が持っている古い物件では、特殊な金具で補強しています。

自治体の補助金をもらうような耐震の工事は、何百万円もかかり、高額すぎて安い家賃で賃貸するには向きません。

そこで、安価でも「ほぞ抜け」を防ぐ、引き抜き耐力6・6トンもある特殊な金具を基礎部分に設置する方法があります。

「多少壁にヒビが入ろうが、とにかく家が倒れなければいい」と考え、今すぐできるところからやろうとするならば、第一に「柱のほぞ抜け」を防ぐための工事をしたらいいのです。

「柱のほぞ抜け」さえ起きなければ、家の倒壊の約7割は防げます。

後付けの「ホールダウン金物」というものもあります。ビズ留めで基礎と柱をつな

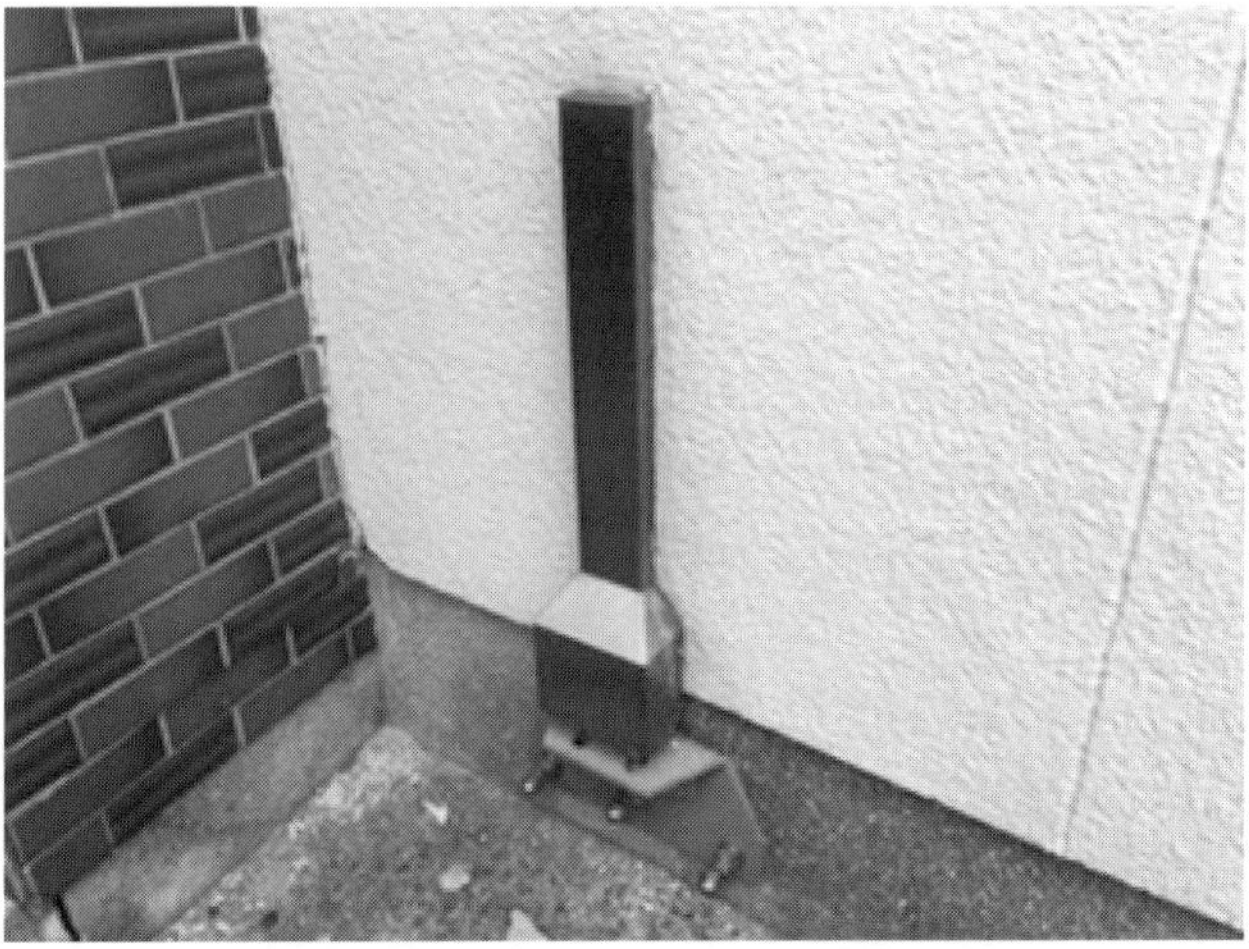

家屋減災プロテクター
かぞくまもる

ぎ、ほぞ抜けを防ぎます。

壁の外側から施工できますので、中古の家でも後から取り付けられます。

私が顧問をしている「全国古家再生推進協議会」の再生士は、**エイム株式会社**(http://www.aimkk.com/)の家屋減災プロテクター「かぞくまもる」という金物をオプションで設置することができます。

入居者の命を地震から守るには、建物の倒壊を防ぐことです。建物のほぞ抜け防止に効果があり、比較的安価で施工できるのが、このような後付け金具です。

今は地震に対する対応も多様に選択できる時代です。国の基準の耐震工事だけが、耐震工事ではないのです。

第7章

空き家を生み出さないために

空き家を生み出さないために、すぐにすべきこと

現在の加速度的な空き家の増加は、高齢者が自分の家に住めなくなることで生み出されています。不幸にしてお亡くなりになられることだけが空き家を増やしているわけではありません。

例えば、高齢で身体の衰えが顕著で、自宅では暮らせないため、生活の支援が受けられる高齢者住宅や高齢者施設に入居してしまう。

また、身体の老化で病気やケガにより入院を余儀なくされる。

その上、昨今の長寿化社会では、身体は元気なのに認知症を発症して、まともに日常生活が送れなくなり、高齢者施設や入院を余儀なくされている人もいます。

このように、**本人が生きている間でも、空き家を生み出してしまう時代**なのです。

では、人が住まなくなった家が長く放置される空き家にしないようにするには、ど

のようにすればいいのでしょうか。

それは、相続が発生するまで待っていると、何十年後になるかもわかりません。それでは遅いのです。

その前に、その家の相続時に引き継ぐであろう人たちが、高齢者に代わっていろいろな裁量を自分たちに与えてもらって判断し、売却や物件を担保にした融資を受けたり、賃貸住宅として貸したりなど、契約などの法律行為を行なうことができる権限を得ることです。

認知症や寝たきりになると、本人が契約書にサインして、法律行為を行なうことはできなくなります。

こうなると、みすみす今売却すれば高く売れる自宅も売れず、いい条件で賃貸として貸し出せるのに賃貸契約が結べず、解体してコインパーキングなどの有効活用もできず、多額の入院費や施設費をまかなうために、自宅を担保にして融資を受けることもできません。

また、本人が確認できなければ、預貯金の引き出しもできません。まさに、今、面倒を見ている人にすべての負担がのしかかるのです。

このような問題を回避するために、相続を待つのではなく、高齢者が元気なうちに、権限を信頼できる家族・親族に託せる制度があります。

このような制度を活用することで、生前から空き家を有効に、家族や社会のために役立てることができるようになります。

一人暮らしの叔母のすべての支払いを立て替えた半年間

「おばさんが自宅で朦朧《もうろう》として即入院が必要です！　すぐ来てください！」

私が午前中、仕事をしていると、携帯に一人暮らしの叔母（当時80歳）を訪問看護している看護師さんからの電話がありました。

その前日の夜は、例年になく記録的な寒さでした。

叔母は石油ストーブを使っており、どうやら夜中に灯油が切れたようで、そのまま寝ている間に低体温症になって、朝、訪問看護師さんが来た頃には、簡単な応答はできるようでしたが、起き上がることさえできない状況でした。

しかし、一人暮らしの叔母ですから、誰か身内の者がいないと、家から連れ出すことも、入院の手続きもできない状況なので、甥である私が急遽、叔母のもとに向かうことになったのです。

家に着いてすぐ「おばさん！」と声をかけると、かすかな声で「これを預ける」と言って、自分の脇の棚にあった、犬のパッチワークのついた手提げカバンを指さしました。あまりにか弱く目線も定まっていない様子なので、寝ぼけているのかと思いましたが、そのカバンを覗《のぞ》いてみると、銀行の通帳や印鑑、キャッシュカードなどの貴重品らしきものが入っていました。

とりあえずそれをだけを預かり、看護師さんとともに叔母を病院に運び込みました。その間も叔母は、声をかけても、うつらうつらしたような状況で、正気なのか、うわごとなのかわからない言葉で、私と看護師さんに何か話かけていました。

病院に着くと、すぐ診察室に運び込まれ、2時間ほど、私は待合室で待たされました。

診察室はかなり切迫していた感じで、看護師さんやお医者さんが入れ替わり立ち替わり出入りしているのが見えていました。

もう叔母は持たないのかもしれないと思い始めた頃に、診察した医師から呼び出されました。

医者が開口一番、

「今は、いつどうなってもおかしくない状況です。覚悟しておいてください。とりあえず今は、点滴を打って眠っています。肺も心臓も非常に弱っています。できるだけのことはしますが、1週間持たないかもしれません！」

と言います。

つい1週間前まで元気で電話で話していた叔母なのに、これほど激変するのかと、私は容態の急変に驚きました。

少し容態が落ち着いているので、とにかく明日また病院に行くことにしました。

とにかく、その日は入院手続きをして、「何かあれば、すぐに駆けつけます」と言って、いったん叔母の家の戸締りをし、近所の方に声かけをしました。

妻にも様子を話しましたが、1週間前に叔母と電話で話していたのでびっくりしていました。しっかりした様子で受け答えして、今年の冬は寒くてかなわないと愚痴をこぼしていたので、元気だと思っていたようです。

叔母は、私の亡くなった母の妹で、結婚もしていませんでしたので、本当に身内は私しかいないのです。

そこから1週間は、毎日病院に見舞いに行きましたが、ただ寝ているだけで、それも、口には酸素吸入、全身にはいろいろな数値を検査する装置が取り付けられ、ずっとピッピピピッピッピと鳴っていました。

両腕もこれでもかというくらい、いろいろな点滴がぶら下がっていて、到底意識が戻りそうな様子ではなく、私も覚悟して、葬儀やお墓のことまで考えるようになっていました。

それから2週間ほど経つとかなり状態は良くなり、意識も少し回復してきて、私が声をかけて笑いかけると、笑い返すようになってきました。

最初に医師が言った、危険な状態からは脱しているようで、日に日に顔色も良くなってきているようでした。

その頃になると私も冷静になってきて、叔母から預かったカバンの中身を確認することにしました。

叔母の貯金はその時点で２００万円ほど、年金が月15万円ほど、あとは自宅の不動産がすべての財産でした。

この間も、私は病院の入院のための保証金や衣服代やおしめ代など、10万円以上立て替えて病院に支払っていました。


そろそろ1カ月が過ぎようとした頃、病院の支払いもあるので、銀行に出金に行かなければならないと思い出したので、訪問看護に来ていた看護師さんに、

「入院代の支払い等があるのでお金を出したいのですが、もしかしてキャッシュカード番号とか聞いていますか?」

と尋ねたのですが、知らないとのこと。

そこで、カバンの中も調べたのですが、カード番号をメモ書きしているようなもの

もなく、カードによる引き出しは無理そうだと気づきました。

そのとき、最初によぎった思いは「どうしよう……」でした。

たとえ通帳と印鑑があっても、本人が窓口に行けない、本人が出金伝票にサインできない状況では、今の日本の金融機関ではお金を下ろすことができません。

私は、一か八か、少しは意思表示ができる叔母に、「カードの番号とか覚えてる？」と話しかけましたが、目を閉じて首を横に振りました。

もうすっかり記憶が混濁しており、本人も何がなんだかわからない状況になっていて、その場そのときだけ、なんとか反応している感じです。

年齢的に認知症もあるだろうと医師や看護師さんは言ってくれるのですが、高齢者があれだけ危機的な身体的状況になれば、もうまともにいろいろなことに反応できなくなっているのではないかと思いました。


とりあえず叔母の支払いは、私のほうで立て替えるしかないと覚悟して、病院の支払い等をし始めました。

病院の入院費は毎月約18万円、家のほうに来る、電話代、上下水道代、ガス代、

ＮＨＫの支払い、その他もすぐ停止しましたが、新聞代、保険料、生協費等諸会費、それと自宅の固定資産税で、月割りに計算しても合計毎月５万円くらいは別に支払うことになりました。

この間も叔母は、酸素マスクをつけ続け、何も食べられず点滴の栄養だけで、小康状態で生き続けました。

気持ち的に救われるのは、見舞いに行き、声をかけると笑顔を作ろうとすることです。どこまでわかっているのかは疑問ですが……。

半年が経ちました。私が立て替えている金額も１５０万円を超えるくらいになりました。

その間、叔母の銀行口座には、２カ月に一度支払われる年金が着々とプールされていましたが、手出しができません。

「２週間も持たない」と言われていた叔母ですが、点滴と酸素吸入だけで、かれこれ半年も生きており、まだまだこの状況が続きそうな感じでした。

さすがにこれ以上長期の入院が続くのであれば、なんらかの手立てを打たなければならないと感じ始めて、法定後見人の申請を裁判所に出すことにしました。

書類を作成して申請して面談を受けて法定後見人になるまでには、それから、まだ2カ月がかかりました。

その間もずっと、私が叔母の支払いを立て替えていました。

私は、なんとか立て替えることができましたが、普通のサラリーマンの家庭で突然こんなことになると、家計はめちゃくちゃになるのではないかと思いました。

認知症になっていなくても、こんな急病や入院があると、高齢者は入院中にボケてしまう方が多く、正常な判断能力を失う方も多いと、病院の医師や看護師さんが言っていました。

法定後見人になると、叔母の口座名義は変更され、後見人名義の銀行口座になります。そこでやっと、叔母のところに入ってくる年金から入院費や生活費を払えるようになりました。

しかし、法定後見人は裁判所に選定されており、毎月の収支報告など、領収書とともに報告する義務が生じます。

最近は、身内の後見人による横領が多いようで、かなり細かくチェック・監視されます。どちらかというと、とても窮屈な制度で、例えば、庭の木を植木屋さんに剪定《せんてい》を頼んでも、すぐ10万円は超えてしまいます。

留守をして生え放題の雑草や木は、近隣に迷惑と環境の悪化を起こし、用心が悪くなります。

しかし、年金でギリギリの生活の叔母の支払いでは、そのようなものはかなり高額で、裁判所はあまりお金をかけさせて、叔母のお金が減るのを嫌がります。そのため、必要と思われることも、あまりお金を使うこともできず、実は裁判所に言わず、私が費用を支払ったものも結構ありました。

叔母が元気なら当然するであろうことでも、裁判所はそうは見てくれません。私が叔母のお金を好き勝手放題にしないよう監視の目は緩めません。

裁判所に監視されているような日々が、なんと結局、法定相続人に選定されてからも半年近く続き、叔母は静かに病院のベッドで亡くなりました。その間一度も酸素マ

スクも外せず、1食も食事をとらず点滴だけで生きていました。1年以上、点滴だけで生きていたのです、

もちろん会話もままならずやせ細ってしまいました。最後は静かに病院の天井を見つめながら、眠るように亡くなりました。

病院に担ぎ込まれてからは、寝たきりで朦朧としたままでした。1年以上ずっと見舞いに来ていたこともわかっていたのかどうかわかりません。

年がいってからも、元気で大きな声で笑っていた明るい人でしたが、もうそこにはその面影はなかったです。

私はつくづく思いました。

これからの長寿社会では、ちょっとしたケガや入院、施設への入所から認知症の症状が出たり、寝たきりになるようなケースがますます増えてきます。

私の叔母だって、1週間前までは、妻と冗談を言いながら電話していたのですから、突然想いも寄らない急変を高齢者は抱えているのです。

このようなことは、皆さんの身の回りにも起こりうるということです。

これからは、このような突然の出来事も起こりうると思って、事前にどのような手が打てるか、対処法を考えて学んでおかなければなりません。

ちゃんとその対処法はありますので、私のようなとんでもないことにならないよう心掛けてください。

私も事前にこの対処法をしていれば、かなりスムーズだったと思います。

これからは、年齢とともに日常の生活ができなくなり、介護を受けたり入院したりして、そこで長く生き続けるようになります。

衰えると、記憶の喪失や字も書けなくなりますので、いろいろなことを判断してサインすることや適切に応えることができなくなります。

そんなときに、家族であるあなたはどう対処できますか。

ハンコも押せないのですから、家の火災保険だって新しく契約できません。施設に入所して住まなくなった家だって、本人に意思決定能力がないと見なされると、自宅の処分さえできません。

所有者が生きていても、判断能力がなく、物件を処分することができなかったり、人が住まないのに手がつけられなくて荒れ放題になってしまっている家もたくさん出てきています。

相続が発生する前から、すでに手のつけられない家が生まれています。

これは、長寿社会が現代の空き家の増加の大きな要因になっています。

空き家問題は、このような状況になる前から事前に対処しておかないと解決できない問題です。

相続してからなら相続人になれますが、まだ本人は存命で法律行為ができないと、すべての資産は、まるで凍結されたような状況で誰も手出しができなくなるのです。

そのとき、あなたはどうしますか？

いくつになっても財産管理ができるわけではない

先ほどの私の経験では、叔母が身体上の問題、意思能力や判断能力の問題が起きて、その間、私に大きな負担がかかったことはおわかりいただけたと思いますが、これからは、このような出来事は皆さんにも当たり前のように降りかかります。

平均寿命と健康寿命という言葉はご存じですか？

平均寿命は生命として存在する年数です。また、健康寿命というのは、健康上の問題で日常生活が制限されることなく生活できる期間のことです。

現在は、長寿化のおかげで、この平均寿命と健康寿命との年数のギャップが大きくなってきています。

短いケースで1年未満から3年程度、長いケースでは、なんと15〜20年の場合もあるようです。


生きていても、日常生活が制限されて、意思能力を喪失してしまうと、財産の管理や処分といった行為ができなくなります。

このような状況に高齢者がなる原因は、単に老化による衰えと、もう1つの原因が**「認知症」**の発症です。

これが困るのです。

◎本人の代わりに預貯金が引き出せない。すなわち、家族や親族が支払いを立て替

えなければならない。
◎本人名義の不動産を売れない、貸せない、直せない。
◎本人の財産を把握できない。
◎贈与や保険契約などの相続税対策が取れない。

こうなるともう、相続対策をしようにも何も手が打てません。

それどころか、その本人の財産に対して手出しもできません。

長期にわたっての入院や介護とともに、経済的にも重く家族に負担を強いります。


このような「認知症」に認定されたり、予備軍と呼ばれる方を含めると、平成27（2015）年の厚生労働省の推計では、862万人にものぼると言われています。

これは、高齢者人口の4分の1、すなわち4人に1人が認知症になる可能性があるということです。あなたのご両親も十分に可能性があります。

本人の意思能力や判断能力が失われた期間にどう対策するのか？

これからは、相続対策でなく、生前対策、認知症対策です。このような対策に有効なのが「家族信託」という制度です。

長寿社会の資産継承の切り札は「家族信託」

――特に不動産を持っている人は必須の制度

家族信託の専門家は、司法書士さんや弁護士さんになります。

そのため、注意しなければいけないのは、遺言を主に相続税対策として作る場合、税理士さんが税法に基づき作ります。

家族信託は、2006（平成18）年に約80年ぶりに**「信託法改正」**が行なわれ、その中の目玉の1つとして、社会経済の情勢の変化を受け、福祉や扶養などを踏まえ、資産継承の多様なニーズに対応すべく、民事信託を充実させた法律内容に改定されました。

税対策でなく、資産の活用・継承に重きを置いた制度のため、門外漢の税理士さんでは、詳しく運用できない場合があります。また、新しい大きな改正のため、弁護士さんや司法書士さんでも同様に運用できない場合があります。

実際、私の友人に「親との家族信託をしたい」というので、昔から付き合いのある司法書士さんに相談させましたが、「わからん！　できん！」のひと言で断られました。

資産継承のトレンドは、税法から信託法に移り変わろうとしています。

従来からあった、遺言書の制度や成年後見制度ではできなかった、それぞれの家族にあった柔軟な資産継承を組み立てることができるようになりました。

◎遺言

遺言は、相続人との取り決めで、その世代以降の資産のあり方を決められず、この先々も何代にもわたって資産継承してほしい資産も残せなくなる可能性があります。

また、容易に書き換えができるので、相続間近になると、一族で遺言書にまつわるトラブルが起きやすくなります。

◎成年後見制度

成年後見制度については、先ほどの私のエピソードにもありますが、財産はすべて家庭裁判所の監督下に置かれ、後見人の選定に当たっても、裁判所が関与し、身内だからなれるというものではなく、場合によれば第三者が選定される場合もあり、相続人の思うような資産管理ができなくなります。

私は、叔母のすべての資産をわかる限り探すのが大変でした。

どこの銀行に口座があるのか、自宅以外に不動産を持っていないか、身寄りがないということですが、戸籍上養子や相続人になる人がいないのか、月々どのような収入や支出があるのか……。

このようなことを明らかにしないと、後見人として裁判所から選ばれません。

例えば、大家さんで、退去があり、敷金の返還や室内の原状回復工事などの支出がある場合も、ちゃんと裁判所に報告して、詳細に説明する必要があります。

従来なら、サッサとやって入居者の募集を始めたいところですが、簡単ではありません。募集の繁忙期を逃す場合も出てきます。

遺言も成年後見制度も、画一的な運用しかできないので、最近の相続や資産継承の複雑な問題には対応できません。

特に、長寿社会になり、認知症の人が増加することで、資産防衛、相続対策に柔軟に対応できなくなり始めました。

そのため、**自由度が高い信託法に基づく、民事信託（家族信託）が脚光を浴びるようになったの**です。

特に不動産をお持ちの方には必須の制度になるでしょう。

次の項目では、実際に家族信託がなされている場合とない場合を比較しながら少し紹介しますので、皆さんもお役立てください。

「家族信託」がない危険
──みんなが不幸のどん底に落とされた話

一人暮らしの遠方にいるお母さんが、高齢者施設に入ることになりました。施設での費用も結構かかるので、息子さんは、実家の家を売って、その費用を捻出しようと考えました。

折よく購入希望の方がおられたので、なんとかお母さんに売買契約書にサインさせました。この時点でも、お母さんは契約書へのサインもなんとかさせたという感じでした。

2カ月後に売買の決済が行なわれることになり、司法書士さんが同席して、決済の確認をしました。

司法書士さんは、本人の意思確認と判断能力を確認するため、いくつかの質問をしました。

名前が言えるか、住所が言えるか、生年月日が言えるか、干支が言えるか、決済現場にいる人が誰か言えるか、今何をしているかが答えられるか。

このような質問をされます。

そこでちゃんと質問に答えられないようであれば、司法書士さんは「契約履行能力がない」と判断し、決済をさせません。

たとえお母さんが家族と話しているときは正常に見えても、いざ契約や決済などの法律行為には十分な判断能力を持ち合わせていなければ、司法書士の権限で取引は中止になってしまいます。

軽い認知なら、契約書に自分の住所や名前、捺印程度はできてしまいます。

しかし、法律行為などを行なう場合、専門家の司法書士さんなどは、その辺をしっかり見極めます。

決して家族や不動産業者や買主さんの都合で便宜を図ってくれません。

このような方の取引を行なってしまうと、司法書士さんも懲戒処分を受けてしまいます。

そのため、決済の当日でも決済できなくなってしまい。取引は無効になって、それまでに預かっていた手付金などがあれば、買主に返還しなければなりません。

その間に、もし売主の息子さんがその手付金を使ってしまっていたら、大変なことになってしまいます。

もしこのような時事前に、お母さんと息子さんとの間で家族信託を結んで、不動産の売却行為を息子さんに信託できていれば、息子さん権限で不動産の売却を進められ、お母さんの状態に左右されず無事に決済できたはずです。

これも実際の話ですが、ある物件でお父さんの実家を無理やり決済したのですが、2カ月後にお父さんが認知症と判断され、裁判所から成年後見人として弁護士さんが指名され、その弁護士さんから2カ月前の不動産取引は、本人は認知状態であったので、無効だと訴えられ、買主も不動産を返すことになりました。

　買主さんも融資を受けて買っていましたので、すぐに売主の息子さんに、不動産の名義を戻したと同時に、売買代金の返還を求めたのですが、なんとすでに3割ほどを使ってしまい、お金を返す原資がない状態になっていました。

　そのため、買主さんは融資の全額を返済できず、無担保の借金を抱えることになりました。売主側の息子さんにはすぐに返済できる資産もなく、いつ回収できるか、目処も立ちません。

　買主さんも大変ですが、売主の息子さんも大変です。

　この場合、裁判所からの後見人に不法行為だと訴えられると、たとえお金がなくて自己破産しても、その返済は免れません。永遠に返済するまで借金がついてまわります。

　こうなると、お父さんが亡くなり相続が起きるまで、もう手の打ちようがありません。お父さんが認知症のまま何十年も生きていれば、その間、相続もできないので、その不動産を売却して改めて資金を作ることもできず、家族は返済を求め続けられることになります。

そうすると、すべての関係者が不幸のどん底に突き落とされます。

これからの長寿化社会では、高齢者が認知症になり、法律行為がいっさいできなくなると、家族の裁量では何もできない、塩漬け状態になってしまいます。

なんとか認知症になる前に、家族信託契約を結んで、家族の誰かに不動産の処分などの法律行為を一任できるように準備することが必要です。

そうでなければ、みすみす処分できたはずの自宅も、10年、20年、空き家のまま放置すれば荒廃してしまって処分できなくなり、なおかつ何十年にもわたる維持管理の義務や費用が家族にのしかかります。

とにかく認知症になる前に、家族信託を結ぶことです。

たとえケガの入院でも、入院してしまって、認知症が発症してしまう事例もあります。

相続対策でも大事件勃発

ある地主さん（お父さん）が、相続対策のため、自分の土地の上に息子さんの会社でアパートを建てて、お父さんの土地の評価を下げておこうとしました。

もちろん、お父さんの土地を借地として息子さんの会社名義のアパートを建てることにして、建築にかかる費用の融資を受けるにあたり、お父さんにその土地の担保提供をしてもらうことになっていました。

そのスキームで建築業者と建築の請負契約を結び、銀行にも融資の承諾を得ていました。

ところが、建物が完成した10カ月後の決済間近の時点で、お父さんに認知症が発症しました。

そのため、金融機関で融資を受ける際の条件としていた底地の担保提供のための登記や融資手続きができなくなってしまいました。


こうなってしまうと、家庭裁判所に成年後見人の選任を依頼して、成年後見人を選任してもらい、その後見人に今やっている相続対策を認めてもらって底地の担保提供等を認めてもらうしかありません。

このような状況での後見人依頼では、まず裁判所は親族でなく、専門家（司法書士や弁護士等）を後見人に選任する可能性が高くなります。

先の例のように、もしここで成年後見人がこの相続対策が無効であると判断すると、大変なことになります。

後見人の選任される期間だけでも数カ月、その上、その時点で今行なわれている相続税対策を認めてもらえるかどうかは確実ではありません。

この相続税対策にかかわった、認知症のお父さん、息子さん、建設会社、金融機関など、みんな大変なトラブルを抱えてしまうことになります。

このようなことにならないために、例えば家族信託では、土地の所有者のお父さんを委託者、息子さんが受託者として家族信託契約を事前に結んでおけば、建築の請負契約や融資の申し込みも息子さんが行なえますし、担保提供予定の土地の担保提供に関する契約も、融資の担保設定登記等も息子さんができます。

こうしておけば、たとえ建設期間中に、お父さんに判断能力を失うようなことがあっても、間違いなくこの相続対策のスキームは実行できます。

他にも長年、土地の境界問題で揉めているような土地で個人のどちらかが認知症になると、もうその方が亡くなるまで境界を確定することはできません。

境界が確定できないということは、売却時に非常に不利になり、場合によれば、土地を分筆するようなことができないので、相当な低価格、もしくは塩漬けになってしまうこともあります。

不動産や株を所有する高齢者の認知症対策には家族信託が常識

相続対策は、今では常識になっていますが、これからは相続をする前に認知症対策が必要です。

こんなケースになれば一度、ご検討ください。

◎親が一人暮らしの実家があるとき。

◎親が賃貸不動産のオーナーの場合。
◎相続対策で賃貸マンション等を建設する場合。
◎もし相続が起きたときに、不動産名義が共有になりそうな場合。
◎認知症や障害のある家族に財産を残したい場合。
◎事業経営をスムーズに継承させたい場合。
◎自分の会社の株式を家族の共有させたくない場合。

このような不動産や株式などの資産を持つ場合、これからはどのようにしていくかの構想を頭が冴えているうちに、また認知症になる前に、家族信託に詳しい司法書士さんや弁護士さんと相談して、家族信託を結ぶことをおすすめします。

これからは、税理士さんだけでなく、司法書士さんや弁護士さんも重要な役割を果たします。

第8章

「空き家」は新しいビジネスマーケット

空き家の活用は、ビジネスチャンスの宝庫

私が顧問をしている「全国古家再生推進協議会」は、ほんの5年、２０２３年6月13日時点で、会員数1万１７９８人、空き家古家再生戸数１８７９棟と全国の31エリアで再生を進めています。先日もＮＨＫ「クローズアップ現代」、日経スペシャル「ガイアの夜明け」にも取り上げられています。マスコミにも注目されて、着々と組織を拡大しています。

このように、全国に空き家がどんどん発生しており、その空き家を活用することで、新しいビジネスが増えています。これからは、日本の大切な財産である「空き家」を社会資本としてちゃんと活かすビジネスが生まれます。

「全国古家再生推進協議会」は、空き家と投資家と住宅確保要配慮者とをマッチングしたビジネスです。

このように、それぞれの供給と資金と需要の組み合わせは、いくらでも考えられます。

例えば、空き家をリフォーム会社がリフォームして賃貸物件に転用し、家賃収入を折半するビジネス。

空き家を居住用途でなく、店舗開発業者や店舗仲介会社と開業独立する人たちに低い家賃で雰囲気のある店舗を提供し、固定費の削減のメリットを与えます。

また、空き家を借り上げて、店舗向けに内装してテナントに貸し出す「サブリースビジネス」もできます。

郊外の空き家を改装して、全国にワーケーションを作り、全国のビジネスマンと空き家の所有者をマッチングして、旅をしながら自由な働き方を提案するビジネスもあるでしょう。

空き家を利用して、地元の人たちに向けて、カルチャースクールや貸し会議室、料理スクール、小規模パーティースペースといった貸スペースビジネスで、地元の方々への地域貢献と、多様なスペース利用者の要望に応えるビジネスも考えられます。

別荘地では、例えば、山登り仲間やキャンピング仲間、サーファーや釣り人などのシェアハウスとして提供する。空気のきれいなところなら、天体観測仲間の拠点にもなります。このような同じ趣味の方々のコミュニティに合わせたコミュニティハウスとして活用することも可能です。

さらには、ロケ地や撮影スタジオとして、コスプレイヤーが楽しめる場所として、空き家を提供することもできるでしょう。

郊外の空き家の場合、農地もついていることがあるので、農業やガーデニングの仲間たちが、宿泊できる宿泊施設にしてもいいですよね。

まだまだあります。

空き家が1カ所にたくさんあれば、物づくり村のように、各空き家にクリエーターを集めて、いろいろな創作物を展示販売するイベントや、クリエーター同士の交流の場を作るとか、幹線道路沿いの大きな空き家なら、民間の「道の駅」を作ることも可能です。

このような流れは、海外でも大きなビジネスになっています。

アメリカでは、空き家をリフォームや修繕を施して転売する不動産業者（一般的には「フリッパー」と呼ばれている）が取引を盛んにしており、空き家率の低下に一役買っているようです。このようなビジネスモデルは、日本でも必ず増えてくると思われます。

「空き家」が地域再生の起爆剤になる

「スーモ ジャーナル」の記事（https://suumo.jp/journal/2022/02/15/185020/）に、大阪の城東区で空き家を再生して、地域まで再生しているモデルがあることを知りました。

先述した、その名も「がもよんモデル」（2021年グッドデザイン賞を受賞）です。「がもよん」とは、大阪市城東区の蒲生四丁目を短縮した名称です。大阪の中心地まで地下鉄があり便利なところですが、昭和に開発、発展したエリアなので、昭和の雰囲気が残った下町です。古い古民家や長屋がたくさんあるエリアで、住民の少子高齢化とともに、人口の減少と空き家が目立ってきました。

そこで2007年から「がもよんにぎわいプロジェクト」（http://r-play.jp/gamo4project/）がスタートしました。

無人物件の所有者と事業オーナーとのマッチングによって空き家問題を解決したことで注目されています。

「がもよんにぎわいプロジェクト」代表理事の和田欣也さんが十数年で「がもよん」内で手掛けた空き家再生の物件は40軒以上。そのうち店舗は33軒。刮目《かつもく》すべきは、再生した物件のほぼすべてがしっかり収益を上げ、成功していることです。家庭の事情で閉業した一例を除き、業績の不振によって撤退したケースはなんと「ゼロ」なのだそう。コロナ禍の渦中ですら、一軒も潰れることなく営業していたといいます。

しかも、なんとこの5年で「がもよん」は2030世帯も住民が増えました。

大阪の各所では「古い街を活性化させようとする動き」が起こっていました。先駆事例を挙げるなら、北区の中崎町は「雑貨」、天王寺区の空堀《からほり》町は「アート」といったように、大阪ではいろいろな再生が行なわれています。

他にも、空き家問題を解決する新しいビジネスの兆しが出てきています。

従来からある「空き家見回りサービス」のようなものでなく、まさに活用していこうとするビジネスモデルがたくさん生まれています。

例えば、遊休不動産を再生するビジネスで、先に紹介した神戸「北野工房のまち」や地方の遊休不動産（廃校や会社の寮）を活用したビジネスを、不動産のポータルサイト「LIFULL HOME'S」を運営しているＬＩＦＵＬＬが、地方創生事業として再生を軸に、独自の視点で展開しています。

また、空き家の住まい活用で、月に1泊からも可能な定額制宿泊サービス**「Kabuk Style」**（https://kabuk.com）、全国を渡り鳥のように暮らしたい人に**「全国渡り鳥生活倶楽部」**（https://wataridori-life.co.jp）がサブスクのサービスを行なっています。

空き家を借り上げて、定額全国住み放題サービスを展開する**「アドレス」**（https://address.love）、また空き家と入居者をマッチングするビジネスとしては、先ほど紹介した「がもよんにぎわいプロジェクト」が事業用オーナーとのマッチングを行なっていたり、「On-Co」が運営する**「さかさま不動産」**（https://sakasama-fudosan.com）では、空き家を活用したシェアハウスを作り、体験移住からの定住による地域再生を行なっています。

他にもいろいろなサービスがあり、**観光庁**は「新たなスタイル」「ワーケーション&ブレジャー」として、「はたらく・やすむ・いきる」をテーマにしたサイト（https://www.mlit.go.jp/kankocho/workation-bleisure/）を運営しています。

このように、空き家問題をきっかけに、地域や産業、個人生活を活性化する取り組みがどんどん増えています。

日本ではよく経済の停滞が言われますが、実際は空き家問題の解決に向けてどんどん新しいビジネスが生まれてきています。

これらのビジネスからビッグビジネスに成長していくものがきっとたくさん生まれるでしょう。

このように、空き家という素材を使って、いろいろな企画やアイデアが生まれます。そんなに使われていない空き家が全国に1000万戸近く生まれています。そのマーケットの大きさも膨大で、アイデアさえあれば、可能性は無限大です。

あとは、空き家を活用するための、需要や供給の組み合わせや考え方です。この辺をうまくマッチングさせるアイデアがあれば、ビッグビジネスになります。

コツは、最初の時点でしっかり需要と供給のターゲットを明確にして、ブレずに対象に訴求できるか、です。

先ほどもお伝えしましたが、「全国古家再生推進協議会」は、需要としては「不動産投資をしたい人」「低家賃で住むところを探している方」の2つ、供給として、「人口減少や景気低迷で住む人が減ったエリアの増えている空き家」の1つ、これらの需給を企画段階でマッチングさせたことが急成長につながりました。

「空き家」を横断的に解決できる専門家がいない

空き家問題だからといって、不動産業者なら何でもわかっていると思いがちですが、現在の不動産業界の分野が細分化されたことで、総合的にわかる人がいなくなりました。

不動産の取引では、いろいろな局面で各分野の専門家とかかわることになります。それぞれその分野では、相当な専門性を持っています。

皆さんは、このような方とそれぞれの場面で相談しながら、自分の不動産のゴールを達成していかなければなりません。

ただ、注意すべきことがあります。

専門外の質問を専門家にしないことです。

例えば、売買仲介の不動産業者に、税金のことや建築のことを相談しても、正しい答えを言ってくれていると思わないことです。

同じ仲介業でも、売買と賃貸では全然分野が異なり、売買業者に賃貸のことを質問しても、まともに答えられる人はほとんどいません。

このように不動産の分野は縦割りになっており、横断的に知識を理解する人がいません。

でも、得てして、いろいろな方に相談するのが億劫で、目の前にいる担当者に相談してしまいたくなりそうですが、これがトラブルの原因になりやすくなります。

【トラブル事例】

実際にあったトラブル事例です。

売主Aさんが、売買仲介業者Bに、自分の住まいの売却を依頼しました。業者Bは、「古い建物なので、事前に取り壊して売るほうが売れやすい」とアドバイスをしました。

売主Aさんは、友人Cさんが以前自宅を売却したときに税金がかからないで助かったという話を聞いていたので、「自宅を売る場合は、税金はかからないものだ」と勝手に解釈しており、業者も「住宅を売る場合は、税務上の居住用財産を譲渡した場合の3000万円の特例」があり、よほど高額なことがなければ、特例で税金はかからないでしょうと言われて、業者に言われるまま、自宅を解体して売却してもらうことにしました。

そして1年を過ぎた頃に、新築を建てたかった新婚夫婦に売却できました。売却価格は2000万円ほどでしたので、特例の範囲だと思い、確定申告したところ、税務署から、

「家屋を取り壊した日から1年以内にその敷地の売買契約が締結されていないので、特例の適用は受けられない」

と言われ、なんと400万円近い税金を払う羽目になってしまったのです。

業者Bは、「転居してから3年以内の売買なら3000万円控除の特例を受けられる」という曖昧な税金の知識しか持っておらず、特例についての不正確な知識をもとに解釈していました。

しかし、建物を取り壊した後に特例を受ける場合の要件は、別途租税特別措置法関

係通達で細かく適用要件が定められており、税金の素人である不動産業者が到底理解できるものではありません。

このような場合、特例を受けることが売買の取引要件なので、売却にあたってまず一番に相談すべきは、税理士さんであったはずです。

売主Aさんも、不動産業者に行けばすべてワンストップで解決すると安易に考えていました。

不動産売買業者は、不動産売買の取引の専門家であり、決して税金の専門家ではありません。不動産業者の税金に関する提案は、すべて税理士さんに裏をとる必要があります。

もし私がこのような依頼を受けた場合は、分をわきまえて税理士さんを売主Aさんに紹介して、不動産売買仲介業者と販売計画を検討して、税理士さんと調整交渉しながら、特例を受けられるように支援コーディネートします。

大手の仲介業者でも、税理士さんを紹介することまではしないのが一般的です。

私なら各専門家の業務範囲の中で、売主Aさんの目的を達成するため、調整コントロールして、決して各専門家の業務範囲を侵害せず、不動産コーディネーターとしての役割に徹します。

不動産にかかわる専門家リスト

今や不動産分野が多様化して、たくさんの専門家と取り組まなければ、1つの不動産取引も安全にできない時代になってきました。

これからの不動産取引では、このような専門家の方々と横断的に結びつける交渉調整をする人がいないと、不動産にかかわるいろいろなことがスムーズ進まないでしょう。

参考までに、不動産にかかわる多様な専門家を紹介しておきます。

◎**不動産業者**……いろいろな専門分野に分かれる。
◎**売買仲介**……不動産の売買取引を仲介する専門家。
◎**賃貸仲介**……不動産賃貸を仲介する専門家。
◎**賃貸（サブリース）**……不動産を賃貸する業者や大家業。

◎民泊・シェアハウス等の運営業者。

◎管理業賃貸……不動産等の建物、入居者等を管理する業務。

◎分譲開発……建売・マンションデベロッパー。

◎税理士……税務相談、税務申告（税務も範囲が広く、その中でも不動産などの資産税に詳しい方に相談）

◎司法書士……不動産の登記、法人設立、相続登記など、法務局等に提出する書類の作成。他に、家賃滞納の少額訴訟制度の書類作成の依頼にかかわる。

◎土地家屋調査士……土地や建物を調査測量し、図面作成や不動産の表示登記申請業務を行なう。特に不動産では隣地との境界確定や土地の実測面積の測量、新築住宅の表示や登記図面の作成などでかかわる。

◎弁護士……主に法律相談から法律事務、民事裁判の訴訟代理人まで、あらゆる法律に関する専門家。

◎保険会社……不動産の分野では、建物の火災保険や地震保険、借家人賠償保険など、特に最近は自然災害による保険金申請などで大きくかかわる。

◎家賃滞納保証会社……滞納保証会社が連帯保証人となって、家賃が滞納された場合、大家側には立て替え払い、入居者からは督促回収業務等を行なう。

◎**不動産鑑定士**……地価公示など公的な地価鑑定評価から民間の不動産評価鑑定にかかわっている。

◎**建築士**……建築物のプランニングから設計、図面作成、役所への建築確認等の申請、工事の監理を行なう。既存建物の調査（インスペクション）。二級建築士、一級建築士等の建築士資格がある。

◎**建設業者・解体工事業**……建築物を取り壊す工事を行なう。作業にあたり、最近はマニフェスト（産業廃棄物管理票）を作成し、適正に処理した記録を作る。また、建物の解体が完了すると、建物滅失登記に必要な書類の発行。その書類とともに、建物の滅失登記申請を土地家屋調査士が法務局に申請。

◎**遺品整理業者**……故人の遺品を整理して片付けたり処分する業者。特に賃貸物件などの場合、部屋を返還する期限もあり。最近は遺族だけで作業することは難しくなっている。

◎**建設業者**……建設業を行なう会社で、建設業としての免許が必要。国土交通大臣もしくは都道府県知事の許可業務。建築士が設計した建築物を図面どおり建築する会社。資金的に脆弱な中小企業も多く、工事依頼するときはしっかり確認することが必要。

◎リフォーム業者……内装工事（壁クロス工事、ペンキ塗り、間取り変更等）、住宅設備の取り付け等建物内部の工事を行なう会社。

◎不動産コンサルタント……不動産の有効活用のプランニング、指導をする業務。

◎不動産コーディネーター……各専門家とクライアントを結ぶ調整業務。クライアントとともにプランを作成し達成するために、時には物件や業者に同行したり、他分野専門家たちとの交渉調整を代行し不動産の各分野の情報を結びつけてクライアントに寄り添った世話役のような業務。現在、私（著者）が一般社団法人日本不動産コーディネイター協会を設立して民間認定資格（空き家解決エージェント資格）を登録し教育プログラムを考えています。

◎役所

・都市計画課……町を商業エリア、住宅エリア、工業エリアなど町づくりの全体構想を考える。

・開発指導課……具体的な建物が各エリアで、用途にかなっているものか、建築プランや計画をチェックする。
・建築指導課……各個別の建築物が適切に建てられるかをチェックする。
・消防局……各物件が火災や災害に対して安全であるかをチェックする。
・道路課……各市町村の道路の維持管理を行なっている。
・上下水課……各物件に公共インフラを整え利用できるようにする。
・環境局……土壌汚染情報。
・資産税課……主に固定資産、都市計画税の課税にかかわる業務。
◎教育委員会（子供園課）……学校区など教育関係・文化財の情報。
◎国土交通省……災害予想のハザードマップを運用。
◎文化庁……遺跡調査。
◎税務署……徴税の窓口、適切な税務申告を管理している。

以上のように、1つの不動産でも、多くの分野がかかわってきます。すべての調整や確認を売主だけで行なうことは到底不可能でしょう。

これからは、このような情報を各専門家から集め、まとめて売主の相談に乗って行動を間違わせない役割の職務が必要になるでしょう。

「空き家」ビジネス、拡大の胎動

私はバブル崩壊時に無一文どころか、マイナス数十億円の負債を抱える状態になり、数年間は債権者との壮絶なバトル期間となり、公共料金の支払いさえ困ってしまうような時を過ごしました。

しかし生きていくためには、お金を稼いで生活するしかありません。

そこで私は、資金がいらず、ある程度自分のスキルが活かせるビジネスを考えました。

それが、私の大家業の経験を生かした賃貸住宅管理業と収益物件の仲介でした（拙著『空き家を買って、不動産投資で儲ける！』に詳述）。

当時は、収益物件の売買仲介は、売買仲介業者の一部の業務で、賃貸不動産管理は賃貸客付業者の補助的業務でした。

そこを私の大家業の経験から、収益不動産の購入から賃貸管理までをワンストップ

でやる。大家さん目線の会社を私一人で始めました。当時としては全く新しいビジネスモデルでした、

続けていくうちに、多くの業者が私のやり方を教わりに来て、指導コンサルすることもありました。

最近は当たり前のようにこのような業態がありますが、今でも空室対策までしっかり教えられるところは少ないようです。

当時、学びに来た人には今では、２０００～３０００室以上を管理する、中堅の不動産業者になっているところが数社あります。

このようにして始めた仕事が少し落ち着いてきた頃、巷では空き家が目立つようになってきました、私のほうにも空き家をどうにか活用できないかといろいろ相談が増えてきて、本書でも取り上げているような活用法などを提案するようになりました。

その中で、古い家を専門に再生リフォームして投資家に売却するグループがあり、その方々に全国の空き家を投資家に買ってもらい古家を専門にリフォーム再生して賃貸転用するビジネスモデルを提案しました。

それが、今や各メディアで多く取り上げられている、私が顧問をしている**「全国古**

家再生推進協議会」です。

私がこの会のために作成したオンライン講座の受講生は、１０２０人と驚異的な数になっています。

その間にも私は、空き家の店舗利用や簡易宿泊所、高齢者施設などいろいろな活用法をコンサルしてきました。

今ではよく見るようになったお弁当屋さんとコインランドリーの複合店は、私がバブル崩壊前から「コインズ」というビジネスモデルを考案して、全国展開しようと画策していましたが、バブルの崩壊とともに頓挫してしまいました。

時代の流れの中で、顧客のニーズも刻々と変化して新しい需要が生まれてきます。

その需要を埋めるために、いろいろなビジネスモデルが生まれてきます。

時代の変化は大きなチャンスを生み出してくれます。その中でもより成長性の高いマーケットの大きい分野に進出すれば成功間違いなしです。

空き家ビジネスの市場規模は、国家予算の10分の1レベル!?

もう少し、空き家の市場の規模と可能性について深掘りしてお話しします。

昨今のビジネス環境の変化の激しい時代でも、確実に仕事の需要があるビジネスになると思います。

全国の空き家はまだまだ増えていきます。間違いなく、全国に1000万戸以上になるでしょう。

マーケットの大きさを概算で計算してみます。

解体するにしても、売却するにしても、リフォームをするにしても、空き家一戸当たり300万円ぐらいの資金需要があるでしょう。

そうすると、1000万戸×300万円と考えると、市場規模は30兆円になります。

これは、日本の国家予算の10分の1ぐらいの経済規模のパフォーマンスがあることを意味します。

ここに不動産にかかわる多様な分野の業種がかかわっています。

しかしながら、各分野の専門家ではありますが、空き家問題として統合的に解決できる業務を行なっているものはありません。

いろいろな分野を横断的に見回して空き家問題を検討できなければ、いつまで経っても、この問題は塩漬けになるでしょう。

せっかくこれほどの市場規模があるのに、誰も手が出せなくなります。


空き家問題の解決に新たな会社を興さなくても、今のあなたの現業に空き家を対象とするビジネスをくっつける（アドオン）するだけで、あなたビジネスは、大きな市場規模のマーケットに手を打てます。

どのようにあなたの今の仕事と空き家をマッチングさせるかのアイデアや発想が必要なだけです。

この本を何度も読んでいただければ、空き家の多面的な可能性を感じてもらえると思います。

皆さんがどのようにかかわればいいか？

迷ったときには、私に相談していただいても結構です。

あなたのアイデアが、日本を救うカギになるかもしれません。とにかく今から日本で無限に広がる市場に乗っかることを模索してみてください。

空き家ビジネスに参入したい方へ

起業したい人、開業したい人、空き家を持っている人、建築関係の人、不動産関係、投資家、企画開発の方、農業関係、造園園芸関係、観光業界の方、地域の行政、村おこしの皆さん……、これから成長する「空き家ビジネス」分野へ参入してみませんか？

私からすれば、「空き家」は、まだまだ可能性のあるビジネスが生まれると思っており、それを担う人もたくさん生まれてくると思っています。

新しいビジネスや起業をしたいと思う人は、この「空き家」分野を開拓すると、大成功の可能性があります。

それは、日本ではものすごい市場規模のある未踏の地だからです。

しかも、それが結果的に、空き家問題の解決の糸口となり、社会貢献につながります。とてもすばらしいことだと思いませんか？

「空き家解決エージェント」の育成

最近では、空き家に関する著作が何冊かあるため、空き家が増えるとともに問い合わせも急増し、相続人や所有者だけでなく、行政からの問い合わせも多くなってきました。

しかし、身一つで全国の方々に対応することは難しく、全国で10人に1人が空き家の所有者になる時代を踏まえて、今回、新しいビジネスモデルとして、空き家の所有者に直接空き家をどのように解決していけるのかを相談、コーディネートできる人材組織を作ろうと思い立ちました。

「空き家解決エージェント」という名称で商標登録もして、不動産の素人でも空き家の相談を受ければ対応できるような講座を作って、学んでもらおうと考えています。

「空き家解決エージェント」の皆さんには、社会問題になっている空き家を適切に解決することで、地域も良くなり、社会資本である空き家を有効に活用して、かかわる人にはちゃんと継続的なビジネスとして成り立ち、経済的なメリットも享受しもらえることを考えています。

繰り返しますが、空き家活用マーケットはこれからますます成長するマーケットであり、無限の可能性と派生するいろいろなビジネスが生まれてくると考えています。皆さんもいろいろなアイデアでこの市場に挑戦していただき、成功者になってもらえたらと思います。

この資格も、時代の変化の中で成長する分野のビジネスモデルになるでしょう。気になる「空き家解決エージェント」の業務内容としては、全国846万人を超える空き家を所有する人々を対象に、空き家問題を解決する情報を提供し、具体的な対処をするためのアドバイスと各対処法に合わせた専門家メンバーを紹介できるような、マーケティングに熟知した「不動産コーディネーター」といったイメージです。

私がやる、やらないにかかわらず、これからは絶対必要な存在です。

空き家解決エージェントの市場規模

あらためてお伝えしますが、「空き家解決エージェント」は、特許庁に商標登録された資格です（登録第6687683号）。

ますます空き家が拡大する中で、少なくとも現在846万人を超える対象者に20万円のコーディネーター料をもらえると仮定した場合、

846万人×20万円＝1兆6920億円

といった市場規模が類推されます。

その業界でシェア10％取れると、売り上げ1692億円規模の団体ができあがります。

あなたも、今からこのビッグビジネスに挑戦してみませんか？

ちょっと大ボラ吹きな話のようですが、必ず世の中に役立つ仕事になると思います。

ここまでの規模を考えなくても、きっと周辺であなたに必要な資格になると思います。

例えば**空き家解決エージェントの資格があれば、皆さんの今の仕事にアドオンして使っていただくことができます。**

もし皆さんの名刺に「空き家解決エージェント」と書かれているのを見たら、司法書士さんなら、成年後見人の申請依頼や家族信託の依頼時に空き家の相談を受けるはずです。

またケアマネージャーさんなら、高齢者施設への入居のときに今住んでいる家の相談を受けるでしょう。

建設業の方でも、住宅のリフォームの相談時に活用できるでしょうし、その他の業種の方でも、日本では10人に1人が空き家の悩みを抱えているのですから、その解決の糸口を相談できる窓口になれます。

相談されたら、この本で書いたとおり「売る」「使う」「住む」「貸す」の4つ中から解決を導くことができるよう、各専門家と連携してコンサルティングができるとお話ししください。

パッとイメージが湧かない方にも、この本を渡せば、深く読まなくてもつかんでもらえるでしょう。そうすれば、相談者もそのような知識のある方に依頼したいと思うはずです。

少なくとも、空き家の解決に向かうための着手金やその目的を達した場合の成功報酬はもらえます。それぞれの４つの活用を考えるためにも、ある程度専門家との打ち合わせなども入りますので、最低限の着手金をもらってスタートでき、活動される方はいろいろな業種の方と連携しますので、紹介料なども別途得られることもあるでしょう。

自分の仕事の関連の中で別の収入源を得るチャンスが生まれます。

住んでいる本人が移転などで空き家になるところに「住む」という選択肢はないのではと思われる方もいると思われますが、この場合は、子供さんたちに住んでもらって、相続時に小規模宅地の特例を使うことで、相続評価減をすることを念頭においてアドバイスします。本書の「住む」の中で取り上げています。

このような「空き家解決エージェント」資格の講座も用意する予定ですので、興味のある方は、左のＱＲコードにアクセスしてみてください。

おわりに──「空き家」があなたを救う!

ここまでお読みいただき、まことにありがとうございます。

いかがでしたか?

本書では、お荷物に思っていたような「実家の空き家」があなたの新たな仕事や収入源になることをお伝えしました。

空き家には、あなたの夢とロマンを叶える潜在的なパフォーマンスが備わっています。

それをどう導き出すかは、あなた次第です。

激変の時代ですが、ふと振り返ると、あなたの身近にビジネスチャンスが隠れているかもしれません。

空き家を賃貸に回せば「安定収入」になり、売却すれば「資金源」になり、ビジネスに活かせれば「設備投資や固定費の節約」になります。

今まで書いてきた内容は、すべて空き家を最大限に活かせる可能性を書いたつもりです。

相続した「空き家」をただのお荷物のように考えず、花のタネのように思っていただき、あなたがどう育て、花を咲かせるかで、空き家はきっとあなたに応えてくれると信じています。

「空き家」には魂が宿っています。

間違いなく、人の息吹があったのです。

そこでは、家族の笑い声、炊事の音や香り、子供たちの声や足音、ご近所同士の挨拶、まさに人々の喜怒哀楽の生活の歴史がありました。

元々、人々の魂がこもったもの、それが空き家なのです。

空き家に対してあなたの真摯《しんし》な想いを向ければ、必ず応えてくれるはずです。

少々オカルトチックになるかもしれませんが、私は建物も生き物だと思っています。

たとえ形がなくなったとしても、そこに存在した時間や記憶は今も残っています。

これからは、空き家がさらにどんどん増えていく時代です。

あなたが成功させた「空き家」の有効活用のノウハウが、また他の人に役立つかもしれません。


次世代にうまく残していければ、地球の自然や環境にもいい影響を残せます。

このような空き家の再生の情報やノウハウをみんなが共有して、日本中の空き家が再びあなたのために役立ち、また住まいや店舗として生まれ変わり、日本中の地域に活気を取り戻してもらえたら、著者としてこれほどうれしいことはありません。


空き家の再生には、多分野にわたるかなりの専門知識と行動力が必要です。全国各地で空き家の再生について活動していきたい人がおられましたら、ぜひ私にお声がけください。

私と一緒に、日本が元気になるために空き家を生まれ変わらせてあげましょう！

本書を執筆するにあたっては、多くの専門家の方々にご指導、ご鞭撻いただき、空き家を最前線で再生されている皆さんにも、いろいろな情報提供やアドバイスをいただきました。本当にありがとうございました。

これからも、皆さんとともに、日本の空き家問題を一歩ずつ解決することで、少しでも社会が活力に満ちて、あなたが豊かで幸せに暮らせることを心からお祈りします。

三木章裕

2023年6月

参考文献

・空き家を買って不動産投資で儲ける！　フォレスト出版　三木章裕
・儲かる！空き家・古家不動産投資入門　フォレスト出版　三木章裕　大熊重之
・空き家・古家　不動産投資で利益をつくる　フォレスト出版　大熊重之
・長者教　古典文庫
・新版 日本永代蔵　角川ソフィア文庫　井原西鶴
・月刊　田舎暮らしの本　宝島社
・私のカントリー　主婦と生活社
・月刊　家主と地主　全国賃貸住宅新聞社
・週刊　全国賃貸住宅新聞　全国賃貸住宅新聞社
・２０１９年度版一目でわかる小規模宅地特例１００　税務研究会出版局　赤坂光則
・税務ハンドブック　株式会社コントロール社　杉田宗久 編著
・土地家屋の法律知識　自由国民社
・一般社団・信託活用ハンドブック　清文社　大阪勉強会グループ
・空き家対策の法律・税金の活用法　三修社　北川ワタル・服部真和 監修
・アパート・マンション経営の税金対策　プログレス　鵜野和夫
・日本一わかりやすいひとり社長の節税　ぱる出版　田淵宏明
・信託税務の落とし穴　清文社　古里貴洋・中川修・荻野恭弘
・進化するコインパーキング　ＩＮ通信社　鶴蒔靖夫

・資産価値を上げる住まいのメンテナンス　週刊住宅新聞社　印南和行
・会社の遊休地老朽化建物　有効活用のすべて　日本実業出版社　下市源太郎
・空室対策術　プラチナ出版　山岸加奈
・「サラリーマン家主」入門　プレジデント社　永井ゆかり
・不動産税制の手引き　不動産流通推進センター
・不動産関連法令改正のポイント　不動産流通推進センター
・小さな会社儲けのルール　フォレスト出版　竹田陽一・栢野克己
・工務店社長が教える5つの流儀　幻冬舎　町田泰次
・バビロンの大富豪　グスコー出版　ジョージ・S・クレイソン
・私の財産告白　実業之日本社　本多静六
・なにわ商人1500年の知恵　講談社α文庫　藤本義一
・魂の商人石田梅岩が語ったこと　サンマーク出版　山岡正義
・外国人と共生するニッポンへ　カナリアコミュニケーションズ　後藤裕幸
・空室対策のすごい技　日本実業出版社　浦田健
・戸建賃貸運用法　ダイヤモンド社　浦田健
・21世紀の資本　みすず書房　トマ・ピケティ
・マンガーの投資術　日経BP社　デビッド・クラーク
・売上を、減らそう。　ライツ社　中村朱美
・心。サンマーク出版　稲盛和夫
・私の行き方　パンローリング株式会社　小林一三

・松下幸之助一日一話　PHP総合研究所
・商売心得帖　PHP文庫　松下幸之助
・商いの精神　なにわ塾叢書　西岡義憲
・週刊エコノミスト2019/7/9号　みんな空き家で悩んでる
・週刊エコノミスト2020/8/25号　実家の空き家どうする&老朽マンション
・実家の「空き家問題」をズバリ解決する本　PHP研究所　牧野知弘
・凡人のための地域再生入門　ダイヤモンド社　木下斉
・人間の研究 人生のコツ・経営のコツとは何か　PHP文庫　船井幸雄
・定年まで待つな！一生稼げる逆転のキャリア戦略　PHPビジネス新書　成毛眞
・未来の稼ぎ方　ビジネス年表2019-2038 幻冬社新書　坂口孝則
・日本でいちばん大切にしたい会社　あさ出版　坂本光司
・未来の年表　人口減少日本でこれから起きること　講談社現代新書　河合雅司
・10年後の仕事図鑑　SBクリエイティブ　堀江貴文・落合陽一
・共感SNS 丸く尖る発信で仕事を創る　幻冬社　ゆうこす
・究極のセールスレター　東洋経済新報社　ダン・S・ケネディ
・船井流マーケティングの真髄　ビジネス社　小山政彦
・頭のよい子が育つ家　日経BP社　四十万靖・渡邊朗子
・マンション管理のトラブル解決Q&A　ぎょうせい　犬塚浩ほか
・「がもよんモデル」の秘密　学芸出版社　和田欣也・中川寛子

謝辞——取材協力

株式会社リクルート住まいカンパニー　松本龍二
ＩＳ司法書士法人　司法書士、家族信託専門士　脇田直之
ヒロ☆総合会計事務所　税理士 YouTuber　田淵宏明
中島会計事務所　税理士　中島貞博
一社）全国古家再生推進協議会　理事長　大熊重之
株式会社全国賃貸住宅新聞社　大阪支社　山本悠輔
株式会社全国賃貸住宅新聞社「家主と地主」編集長　永井ゆかり
株式会社エコホームズ　代表取締役　大野勲
フィーリンリフォーム代表　山岸加奈
プラス保険株式会社　梅元慎太郎
株式会社 Safari B Company　旅する大家　横山 亨
スマイルプラス　渡邊美架子
株式会社リーブリング　曽我部信一
株式会社ウチコミ　布目実
A&Kworks　安部ミサ・川瀬一栄
一級建築士　松永康宏
一級建築士　石田正幸
株式会社グローバルトラストネットワークス　代表取締役　後藤裕幸

株式会社グローバルトラストネットワーク　安田充弘
株式会社ツギエコーポレーション　代表取締役　杉尾知美
株式会社ブロードエンタープライズ　畑江一生
株式会社南勝　印南和行
株式会社整理整頓　渕上慎也
社会福祉士　小林孝規

【著者プロフィール】

三木章裕（みき・あきひろ）

収益不動産経営コンサルタント。一般社団法人日本不動産コーディネーター協会理事長。一般社団法人全国古家再生推進協議会顧問。指導先の資産形成額が300億円以上にのぼる、不動産による資産づくりの専門家。

バブル絶頂期には不動産仲介で、1人で1億円以上稼ぎ出し仕事や遊びを謳歌するも、バブル崩壊とともにほとんどの資産を失い10数億円の借金を背負う。しかし、代々大阪商人の家系に育ち、言い伝えられた商人道と蓄財術を活用して復活を図る。

「不動産投資は一部のお金持ちのものでない。すべての人が経済的自立をするために、もっと取り入れるべきだ」という理念のもと、一般のサラリーマンでも無理なくできる資産形成としての不動産投資のノウハウを伝授している。特に、現在は全国に1000万戸を超えるといわれる「空き家」を活かして手軽に収益化するノウハウを提供。「空き家」という社会問題を解決し、住まいを確保することが困難な人々と投資家をマッチングして、たくさんの人を豊かで幸せにすることをミッションに日々邁進している。大阪商人に口伝で伝わった「長者教」伝承者。喜ばれる大家の会事務局長。著書に『空き家を買って、不動産投資で儲ける!』『儲かる! 空き家・古家不動産投資入門』（以上、フォレスト出版）などがある。

実家の「空き家」超有効活用術

2023年8月7日　　初版発行

著　者　三木章裕

発行者　太田　宏

発行所　フォレスト出版株式会社

〒162-0824 東京都新宿区揚場町2-18　白宝ビル7F

電話　03-5229-5750（営業）

03-5229-5757（編集）

URL　http://www.forestpub.co.jp

印刷・製本　日経印刷株式会社

ISBN978-4-86680-234-3　Printed in Japan

乱丁・落丁本はお取り替えいたします。

実家の「空き家」超有効活用術

読者の方に無料特別プレゼント

未公開原稿「資産を生かし、お金持ちになる思考法」

（PDF ファイル）

著者・三木章裕さんより

紙幅の都合上、掲載できなかった、著者・三木章裕さん書き下ろしの未公開原稿「資産を生かし、お金持ちになる思考法」を無料プレゼントします。本書の読者限定の無料プレゼントです。ぜひダウンロードして、本書とともにご活用ください。

特別プレゼントはこちらから無料ダウンロードできます↓

https://frstp.jp/jikka

※特別プレゼントは Web 上で公開するものであり、小冊子・DVD などをお送りするものではありません。

※上記無料プレゼントのご提供は予告なく終了となる場合がございます。あらかじめご了承ください。